SEHR GUT
MEDITERRAN
KOCHEN

SEHR GUT
MEDITERRAN
KOCHEN

Christian Soehlke
Dorothee Lennert

Inhalt

Olivenöl, Rotwein und Siesta

Warum die mediterrane Küche guttut

Es gibt kaum jemanden, der die Küche vom Mittelmeer nicht liebt. Im Urlaub, aber auch zu Hause, bei vielen Restaurantbesuchen, selbst in den dunkelsten nordeuropäischen Winternächten wird inzwischen mit Olivenöl, Rosmarin und Co. das Essen zelebriert. Die UNESCO hat die Mittelmeerküche zum Weltkulturerbe erklärt – verdiente Krönung für eine einfache, gesunde Ernährungsweise, die aber auch voller Widersprüche steckt. Die Wissenschaft fasziniert vor allem das sogenannte französische Paradox: In Frankreich und auch anderen Mittelmeerländern wird bei besserer Gesundheit mehr Fett und Alkohol konsumiert, als es bei uns gutgeheißen wird. Mediterran zu essen soll Herz und Kreislauf helfen, Zivilisationskrankheiten wie Diabetes vorbeugen und beispielsweise auch das Alzheimer-Risiko senken.

Rund ums Mittelmeer isst man – anders als hierzulande durch Volksmund und Wissenschaft emp-

fohlen – nicht sparsam zu Abend, sondern ausgiebig, spät und lange. Trotzdem lebt man dort länger und bleibt meist auch schlanker. Zumindest bis vor einiger Zeit. Inzwischen werden auch dort die Figuren fülliger, die Nordeuropäer dagegen essen immer mediterraner.

Das hat damit zu tun, dass das Prinzip der mediterranen Diät hierzulande bei fast jeder Gelegenheit als optimal empfohlen wird. Kulinarische und gesundheitliche Vorteile werden überall beschworen, aber Nudeln mit Sauce ist noch keine mediterrane Ernährung: Es geht vor allem um viel frisches Obst und Gemüse, dazu Knoblauch, Kräuter und Tomaten, reichlich Olivenöl, eher wenig Fleisch, Fisch direkt aus dem Meer – und langes geruhsames Tafeln, meist ein Glas Wein inklusive.

Anders als nördlich der Alpen isst man rund ums Mittelmeer auch kein Vollkornbrot, sondern Baguette oder Fladenbrot, alles aus ausgemahlenem weißem Mehl. Die Ballaststoffe, das Hauptargument fürs volle Korn, stammen in der mediterranen Küche vor allem von Kichererbsen, Linsen und anderen Hülsenfrüchten, die man allüberall reichlich verzehrt und die viel Eiweiß enthalten. Das ist eine Kombination, die lange satt hält. Ballaststoffe stecken zudem im Gemüse. Man soll es nicht unterschätzen, auch wenn es vielleicht nur halb so viele wie in Vollkornbrot sind. Schließlich isst man mehr Karotten und Kohl als Brot. Wer gerne Gemüse isst, kann viel Positives für sich verbuchen, neben den Ballaststoffen reichlich Vitamine, dazu sekundäre Pflanzenstoffe en masse, die das Immunsystem stärken. Und das bei wenigen Kalo-

rien, aber gut gefülltem Magen – ein Prinzip, das sich auch hervorragend zum Schlankbleiben oder -werden eignet.

Ideal ist es, wenn frisch gekocht und mit vielen Kräutern und Knoblauch gewürzt wird. Der Knoblauch kann Herz und Kreislauf unterstützen, Kräuter wirken vielfältig, enthalten meist reichlich Kalium, Salbei und Basilikum auch Kalzium, Schnittlauch auch Ballaststoffe. Das alles addiert sich, selbst bei kleinen Mengen. Kräuterdüfte wirken anregend, die ätherischen Öle oft gesundheitsfördernd. Salbei wie Rosmarin sollen sogar den kleinen grauen Zellen auf die Sprünge helfen. Fett wird rund um das Mittelmeer großzügig verwendet, zeichnet sich aber meist durch gesunde Fettsäuren aus. Olivenöl ist beinahe schon zum

Symbol für die mediterrane Diät geworden, seit Neuerem hält auch das noch gesündere Rapsöl Einzug, das auch in der Provence vor Ort produziert wird. Noch besser ist Fischöl mit hochungesättigten Fettsäuren, vor allem in fettreichen Fischen wie Makrele und Lachs. Butter gibt's dafür nur selten, nicht aufs Brot, sondern als Geschmackszutat in die Pfanne.

Was ist sonst noch der gemeinsame Nenner für die Länder rund ums Mittelmeer, die alle kulturelle und kulinarische Eigenheiten haben? Etwas Rotwein ist möglicherweise gesund, aber in Nordafrika nicht überall üblich. Ein wichtiger Faktor ist das Kochen mit wenig industriell bearbeiteten Lebensmitteln, die Elemente einer einst bäuerlichen, eher armen Küche. Die verarbeitete, was von der Sonne

getränkt gerade von Feld und Wiese kam, dazu frischer Fisch aus dem Meer und Fleisch, das von der Weide und aus dem Stall schon immer bio war, bevor es das Wort dafür gab. Die Stichworte einer solchen Ernährung heißen saisonal und regional – Prinzipien der Slow-Food-Bewegung, die sich dem Bewahren kulinarischer Traditionen verpflichtet hat. Die Lebensweise spielt beim mediterran geprägten Wohlbefinden eine wichtige Rolle. Wer ohne Stress isst und vorher entspannt am Herd steht, lebt insgesamt besser. Aber vielleicht sind es auch die Gene, die den Unterschied machen. Oder mehr Bewegung an frischer Luft und mit Sonne. Das verbraucht Kalorien, stärkt Muskeln und Kreislauf, führt zu mehr Vitamin D durch Sonneneinstrahlung – und es tut der Seele gut. Oder es sind alle diese Faktoren zusammen.

Wer aber über einen ganz normalen Markt in Avignon, Carpentras, Barcelona oder sonst wo am Mittelmeer schlendert, fühlt sich bei dem üppigen Angebot dort oft weit von manchen Supermärkten deutscher Art entfernt. Aber das Angebot bei uns hat sich in den letzten Jahren deutlich verbessert. Dass damit auch Nordländer mediterran kochen können, zeigt dieses Buch. Vieles ist hier nicht selbstverständlich: Frühlingszwiebeln zum Beispiel sehen meist anders aus, junge Artischocken sind eher selten, rosa Knoblauch gibt's fast gar nicht und frische Feigen nur kürzere Zeit. Kurzum: Bei einigen Zutaten mussten wir unsere im Süden Frankreichs entwickelten Rezepte den deutschen Gegebenheiten anpassen. Das Ergebnis kann sich trotzdem sehen und schmecken lassen, ist gut für Gaumen und Gesundheit.

Christian Soehlke – wie er kocht

Die Küche von Christian Soehlke kommt aus dem Herzen der Provence. Dort, wo sich der kulinarische Nonkonformist aus der Schweiz vor langen Jahren niederließ, treffen sich Elemente aus den Ländern rund ums Mittelmeer, vor allem aus Nordafrika, aus Spanien und Italien. Was und wie er in dem kleinen Bergdorf Venasque im Schatten des Mont Ventoux kocht, ist ohne Schnickschnack und Schnörkel, einfach und zugleich ambitioniert, auf jeden Fall aber voller Aroma.

Sein Credo ist es, auch simple Traditionsgerichte anspruchsvoll zu kochen und sie mit neuen Elementen zu kombinieren. Eng verbunden mit dem anspruchsvollen Kochen ist das sehr bewusste Einkaufen. Die Zutaten müssen nicht teuer sein, aber von ausgesuchter Qualität. Denn nur mit Gutem lässt sich sehr gut kochen. Außerdem sollte

man mit sämtlichen Zutaten möglichst sparsam umgehen: „Nachhaltig wirtschaften" heißt das heute auf Neudeutsch. Möglichst alles wird genutzt: Petersilienstiele zum Würzen, Sellerieblätter für Pesto, Knochen für die Brühe, Lachshaut aus der Pfanne als klein geschnittenes Knusper-Extra über Salat. Dazu gehört auch, Lebensmittel so aufzubewahren, dass sie lange frisch bleiben. Gemüse insbesondere verdient, dass man es so achtsam wie Blumen behandelt, sagt Soehlke.

Damit diese Küche unter dem Primat der Qualität des einzelnen Produkts funktioniert, muss man pragmatisch mit den jeweils frischen Zutaten aus der Region agieren, aber auch mal Tomaten oder Kichererbsen aus der Dose verwenden, weil das einfacher geht oder mehr Aroma bringt als Vergleichbares aus der Umgebung. Manche Zutaten

für die Mittelmeerküche gibt es bei uns schlicht nicht: Bestimmte Olivensorten oder kleine Fische für die Bouillabaisse sind nur Beispiele.

Schließlich muss man mit seinen wertvollen Produkten auch bei der Zubereitung gut umgehen: Geruhsam köcheln, langsam bei niedriger Hitze. Das senkt Energiekosten und schont die Nerven, erspart Anbrennen und ständiges Nachschauen. Gemüse wird nicht übergart und Fleisch und Fisch kommen schön saftig auf den Tisch, wenn man sie angebraten in Alufolie nachgaren lässt. Man darf, man sollte beim Kochen sogar faul sein, das heißt, man sollte überflüssige Handgriffe vermeiden. Wer wie Christian Soehlke einen Restaurantbetrieb fast im Alleingang bewältigt hat, muss exakt planen. Seine Rezepte für cremige Risottos, die vorbereitet werden können und ohne viel Rühren gelingen, finden Sie ab Seite 107. Fleißig sollte man dagegen beim Schnippeln und Schneiden sein. Nur Profis machen das mal eben nebenbei. Mit scharfen Messern und Übung gelingt es aber auch Hobbyköchen.

Ein Kochbuch zu schreiben hat Christian Soehlke lange abgelehnt. Ein Gericht entsteht aus dem Moment heraus, befand er, Kochen ist ein Prozess, der sich laufend verändert – das könne man nicht in Texten konservieren. Da ist was dran.

Nun gibt es also doch ein Buch. Schön, wenn die Rezepte darin zu eigenen Versuchen anregen, die kulinarische Phantasie beflügeln und mit Ideen und Informationen helfen, eigene Rezepte zu entwickeln. Experimentieren Sie mit Zutaten und Zusammenstellungen, gehen Sie mit dem Buch auf Ihre kulinarische Reise.

Trotzdem lohnt es sich, einigen Rezepten aufs Gramm genau zu folgen. Pastateig ist ein Beispiel. Aber wer sagt denn, dass man da nicht auch mal Petersilienblättchen hineingeben kann? Oder Calvados in Apfelsorbet? Oder Trüffel in Sahneparfait? Trüffel machen süchtig, sagt Christian Soehlke. Deshalb haben wir auch das große Trüffelmenü in diesem Buch: Edle Trüffel, ohne dass man sich dafür ruinieren muss.

Kleine Spezialitäten

Tintenfische geben den schwarzen Spaghetti die Farbe und lassen sie leicht nach Meer schmecken. Dazu kommt eine kräftige Portion Sardellenpaste sowie etwas Chili und Knoblauch für die Schärfe.

Schwarze Spaghetti mit Chili

1 Einen Topf mit 4 Liter Wasser aufsetzen. Wenn es kocht, 1 EL Salz und die Spaghetti hineingeben, anfangs einmal umrühren, damit die Nudeln nicht aneinanderkleben.
2 Den Stielansatz der Chilischote entfernen. Der Länge nach aufschneiden, Kerne und Innenwände heraustrennen, klein schneiden. Alternativ: ein bis zwei getrocknete Schoten zerkrümeln oder später mit einem viertel bis halben Teelöffel Chilipulver würzen.
3 Knoblauch häuten, klein würfeln und kurz in 2 EL Olivenöl anschwitzen. Von den Spaghetti 50 ml Kochwasser abnehmen, mit der Sardellenpaste und der geschnittenen Chilischote zum Knoblauchöl in die Pfanne geben und verrühren. Das Gericht soll deutlich nach Sardellen schmecken – und scharf sein.
4 Zwei Scheiben Ciabatta toasten und zerkrümeln. Petersilie waschen, trocken schütteln, die Blättchen grob schneiden.
5 Die bissfest gekochten Spaghetti abgießen, kurz abtropfen lassen – sie dürfen aber nicht ganz trocken sein. In der Pfanne mit der Knoblauch-Öl-Chili-Sauce mischen. Das zerkrümelte Brot mit der Petersilie über die Spaghetti verteilen. Beim Servieren über jede Portion etwas Olivenöl geben.

Chilischoten am besten mit Küchenhandschuhen schneiden. Die Schärfe, die sonst an den Händen zurückbleibt, reizt Schleimhäute an Augen und Nase.

Zutaten für 4 Portionen **Zeit** 30 Min.
Nährwert 400 kcal, 11 g E, 12 g F, 60 g KH, 3 g B

400 g schwarze Spaghetti

1 frische Chilischote (Alternative: getrocknete Schoten oder Pulver)

6–8 große Knoblauchzehen, möglichst frisch

4 EL Olivenöl

3–4 EL Sardellenpaste, Fertigprodukt oder selbstgemacht (siehe Seite 205)

2 große Scheiben Ciabatta (oder Toastbrot)

1 großes Bund glatte Petersilie (15–20 Stiele)

Lachstatar mit Radieschenstielen

Die Radieschenstiele geben den Lachswürfeln Biss und leichte Schärfe. Der Fisch und das frische Grün kontrastieren auch farblich ganz wunderbar. Die Radieschenköpfe kann man aufgeschnitten mit etwas Butter und Salz dazu reichen – wie auf Seite 21 bei den Crudités.

Zutaten für 4 Portionen **Zeit** 10 Min.
Nährwert 170 kcal, 16 g E, 12 g F

300 g Lachs, frisch oder gefroren
(rechtzeitig aus der Tiefkühltruhe holen
und antauen lassen)

½ Bund Radieschen

1 – 2 EL Olivenöl (oder 1 Eigelb)

1 EL Dijonsenf

Tabasco

Salz, Pfeffer

1 Lachs in sehr kleine Würfel schneiden. Von den Radieschen die Stiele abtrennen, Köpfe und Blätter anderweitig verwenden. Stiele waschen, trocken schütteln, sehr klein schneiden.
2 Öl oder Eigelb unter das Tatar rühren, mit dem Senf und einem Spritzer Tabasco würzen. Die klein geschnittenen Stiele daruntermischen. Kalt stellen und bald servieren. Erst kurz vor dem Servieren salzen und pfeffern, sonst wird der Lachs weißlich.

Fischcarpaccio

Für die filigranen Scheiben muss das rohe Fischfleisch
ziemlich fest sein. Gut, wenn der Fisch direkt aus
der Gefriertruhe kommt: Der ist frisch und leicht zu
schneiden, wenn er angetaut ist. Solch ein Carpaccio
kann man auch mit Jakobsmuscheln zubereiten.

Zutaten für 4 Portionen **Zeit** 15 Min.
Nährwert 110 kcal, 12 g E, 6 g F

250 g fester Fisch wie Seewolf, Lachsfilet, sehr frisch oder tiefgefroren

1 EL Olivenöl

1 EL Zitronensaft

2 Stiele Basilikum, ein paar Blätter Koriander oder 1 EL Kräuter der Provence

15 g Parmesan

Salz, Pfeffer

1 Den Fisch gegebenenfalls auftauen,
mit der Pinzette entgräten, mit einem
sehr scharfen, schmalen Messer
schräg in dünne Scheiben schneiden
(wie Räucherlachs). Die Scheiben auf
vier Tellern anordnen.
2 Olivenöl und Zitronensaft zu einer
Emulsion verrühren und mit einem
Pinsel auf die Scheiben auftragen. Salzen und pfeffern.
3 Basilikum oder Koriander waschen
(wer mag, kann auch beide verwenden), trocken schütteln, auf jeden Teller ein paar Blättchen legen und etwas
Parmesan darüberhobeln (Sparschäler). Sofort servieren.

Getrocknete Kräuter geben Sie be-
reits zur Zitronensaft-Öl-Emulsion.

Koriandertomaten an Ziegenkäse

Wenn es um frischen Koriander geht, teilt sich die Welt in Freunde und Feinde. Den gemahlenen Koriander aber mögen fast alle. Hier treffen sich beide mit frischen und getrockneten Tomaten. Mit Ziegenkäse ergibt das eine leichte, aromatische Vorspeise.

Zutaten für 4 Portionen · **Zeit** 20 Min. + 2 Std.
Nährwert 170 kcal, 2 g E, 15 g F, 6 g KH, 2 g B

30 – 40 g getrocknete Tomaten

750 g Tomaten, schön reif und nicht zu groß

1 – 2 TL gemahlenen Koriander

2 Bund Koriander (oder Petersilie)

1 – 2 EL Rotweinessig

4 EL Olivenöl

125 g milder Ziegenfrischkäse

1 Getrocknete Tomaten fein hacken, frische quer durchschneiden, Kerne und Flüssigkeit mit einem Löffel herausholen und aufbewahren. Stielansätze entfernen. Tomaten würfeln, gemahlenen Koriander untermischen.
2 Das Koriandergrün waschen, trocken schütteln, einige Stiele in Folie im Kühlschrank unterbringen. Blätter der anderen Stiele grob hacken und unter die Tomaten mischen. Eventuell mit Rotweinessig abschmecken, nicht salzen! 2 bis 3 EL Olivenöl unterrühren und mindestens 2 Stunden im Kühlschrank durchziehen lassen.
3 Die Tomatenkerne und -flüssigkeit mit je 1 EL Rotweinessig und Olivenöl pürieren, salzen und pfeffern.
4. Zum Servieren mit einem Esslöffel Nocken aus Ziegenkäse formen, etwas Tomatenkernsauce darübergeben. Die Tomaten um den Ziegenkäse häufeln. Die Korianderblätter aus dem Kühlschrank darauf verteilen.

Harte Trockentomaten kurz in etwas Wasser mit 1 EL Essig aufkochen.

Weiße Bohnen mit Anchovis

Um zu Anchovis zu werden, verbringen Sardellen bis zu zwei Jahre im Salz. Dabei entwickeln sie ein Aroma, das Franzosen, Italiener und Spanier gerne zum Würzen nutzen. Wer die scharf-fischigen Minifilets liebt, kommt bei diesem Salat auf seine Kosten.

Zutaten für 4 Portionen **Zeit** 20 Min.
Nährwert 280 kcal, 6 g E, 20 g F, 17 g KH, 3 g B

1 Dose kleine weiße Bohnen, etwa 250 g Abtropfgewicht

25–30 Anchovisfilets (2 kleine Gläser)

3 EL Kapern in Lake

einige Blätter Radicchio

2–3 Frühlingszwiebeln

3 EL Balsamico dunkel oder hell

5–6 EL Olivenöl

Salz, Pfeffer

1 Die Bohnen abgießen, abtropfen lassen. Anchovisfilets in Salz abspülen, in Öl eingelegte Anchovis können Sie gleich verwenden. In kleine Stücke schneiden, dabei 6 Filets zur Dekoration nur halbieren. Die Kapern abgießen und hacken. Radicchio und Frühlingszwiebeln abspülen, trocken schleudern, Frühlingszwiebeln schräg in feine Ringe schneiden, dunkelgrüne Enden nicht verwenden.
2 Anchovis mit Kapern und Balsamico mischen, dann mit den Bohnen und dem Öl vermengen. Mit Salz, Pfeffer und eventuell noch etwas mehr Balsamico abschmecken, zum Schluss die Frühlingszwiebeln dazugeben.
3 Den Bohnensalat auf den Radicchio-Blättern servieren, die halbierten Sardellenfilets darüberlegen.

Crudités sind roh, frisch und jung: Die Selleriestangen sollen noch recht hell, Chicorée ohne grüne Stellen, Fenchel, Möhren und Paprika prall und saftig sein. Frühlingszwiebeln schmecken roh nur, wenn sie wirklich frisch sind.

Crudités – und dazu viele Dips

1 Das Gemüse waschen, Wurzeln abschneiden, das Grün von Selleriestangen und Radieschen kappen, aber nicht wegwerfen (siehe nächste Seite). Die Selleriestangen 2- bis 3-mal von innen leicht anschneiden, durchbrechen und dabei die Fäden abziehen. Aus der halbierten Fenchelknolle den Strunk herausschneiden, die Blätter herauslösen. In Spalten schneiden, ebenso die entkernte Paprikaschote. Die Möhren schälen und in Stifte schneiden, den Chicorée halbieren und die Blätter ablösen. Pro Person 4 bis 5 walnussgroße Röschen aus einem Blumenkohl lösen.

2 Die Anchoiade wird relativ flüssig: Sardellenfilets in Salz zunächst abspülen, trocken tupfen, Filets in Öl direkt mit 2 bis 3 EL Öl in einem kleinen Topf sehr langsam erhitzen, so dass sie sich auflösen (schmelzen). Kapern fein hacken und dazugeben, Knoblauch hineineindrücken, alles mit dem restlichen Öl und nach Geschmack etwas Essig cremig rühren, pfeffern.

3 Rohes Gemüse auf ein oder mehreren Tellern arrangieren, die Sardellensauce separat. Die Radieschen mit Butter und Salz genießen. Dazu passt Baguette, das man auch mit den Pestos auf der nächsten Seite bestreichen kann.

Crudités sind übersetzt „Rohheiten", aber eigentlich sehr fein und zart. Franzosen und Italiener tunken die Crudités gerne auch in Bagna Cauda, eine warme Sauce, oder nur in Olivenöl mit Salz und eventuell auch Essig (Pinzimonio).

Zutaten für 4 Portionen **Zeit** 30 Min.
Nährwert 435 kcal, 8 g E, 37 g F, 14 g KH, 12 g B

● ···

4 junge Selleriestangen

1 Bund Radieschen

½ Fenchelknolle

1 Paprikaschote

4 – 6 mittlere Möhren

1 Chicorée

½ Blumenkohl

4 Frühlingszwiebeln

50 g Butter

Fleur de Sel

Anchoïade provençale

1 EL Kapern

1 Glas Sardellenfilets in Öl oder Salz (80 – 100 g)

100 ml Olivenöl

½ EL Rotweinessig (optional)

3 Knoblauchzehen

Pfeffer

Radieschenblätterpesto

Grün von 1 Bund Radieschen ● 40 g geröstete Pistazien- oder Cashewkerne ● Salz ● 50 ml Walnuss- oder Rapsöl ● Pfeffer ● Zitronensaft ● 2 große Knoblauchzehen oder 50 g Parmesan (optional)

▶ Radieschenblätter samt Stiele 30 bis 60 Minuten in kaltes Wasser legen. Waschen, trocken schleudern. Mit den geschälten Nüssen und Salz im Mixer pürieren. Öl, gemahlenen Pfeffer und etwas Zitronensaft hinzufügen. Knoblauchfans pressen 2 große Zehen in das Pesto. Weniger intensiv wird es, wenn man die Zehen mit Schale leicht anröstet, schält und mitpüriert. Auch gut: 50 g geriebenen Parmesan unterrühren. Passt auch zu Bruschetta, Fisch, in Suppen, mit Nudelkochwasser verdünnt zu Pasta oder Risotto.

Zutaten für etwa 200 g **Zeit** 45 Min.
Nährwert je 20 g (1 EL) 65 kcal, 1 g E, 6 g F, 1 g KH

Walnusspesto

250 g Walnüsse geschält ● 4 Knoblauchzehen möglichst frisch ● 150 ml Walnuss- oder Rapsöl ● Salz ● Chilipulver ● Zitronensaft

◀ Die Walnusshälften grob hacken, fettfrei in der Pfanne anrösten, bis sie anfangen zu duften (Alternative: bei 150 °C Umluft 5 bis 10 Minuten in den Backofen). Das Rösten macht das nussige Aroma besonders intensiv. Die ungeschälten Knoblauchzehen halbieren, in kaltes Wasser geben, kurz aufkochen und abschrecken. Das nimmt dem Knoblauch Schärfe. Die Haut abziehen, grob hacken und mit den Walnussstücken nicht zu fein pürieren. Das Öl untermischen, salzen, mit Chili oder Zitronensaft oder beidem würzen. Passt auch zu gerösteten Baguettescheiben, mit etwas Kochwasser verdünnt zu Pasta und auf alles, was im Ofen gratiniert wird.

Zutaten für etwa 400 g **Zeit** 15 Min.
Nährwert je 20 g (1 EL): 155 kcal, 2 g E, 15 g F, 4 g KH, 6 g B

Tomaten-Oreganopesto

100 g getrocknete Tomaten ● 1 Bund Petersilie (oder Basilikum) ● 1 EL getrockneter Oregano ● 2 Knoblauchzehen ● 60 ml Olivenöl ● 1 gehäufter EL Tomatenmark ● 20 g Parmesan ● Salz, Pfeffer, Chilipulver

▶ Getrocknete Tomaten klein schneiden. Sehr harte vorher kurz in Wasser mit 1 EL Essig aufkochen. Kräuter waschen, trocken schütteln, Blätter hacken. Mit Oregano und Tomaten pürieren. Knoblauchzehen hineinpressen, mit Olivenöl und Tomatenmark erneut pürieren, eventuell mit 3 EL Wasser flüssiger rühren. Parmesan unterrühren, abschmecken (Salz, Pfeffer, Chili).
Passt etwas verdünnt auch gut als Tomatensauce zu Fisch und Fleisch oder zusätzlich etwas schärfer gewürzt als Arrabiata-Sauce zu Pasta.

Zutaten für je etwa 250 g **Zeit** 45 Min.
Nährwert je 20 g (1 EL) 68 kcal, 1 g E, 7 g F, 2 g KH, 1 g B

Stangenselleriepesto

5–6 Selleriestangen ● 1 Bund glatte Petersilie ● 1 Msp. Natron (Backsoda) ● 25 g gemahlene Mandeln ● 75 ml Olivenöl ● 20 g geriebener Parmesan ● Salz, Pfeffer

◀ Von 5 bis 6 Stangen aus dem Inneren eines Staudensellerie möglichst helle Blätter abtrennen, waschen und trocken schleudern. Schon recht schlappe Blätter mindestens 10 Minuten ins kalte Wasser legen, bis sie wieder prall werden. Diese Blätter sehr klein schneiden, ebenso die Blätter von einem Bund glatter Petersilie. Mit Natron, Mandeln und Olivenöl pürieren – eventuell in 2 Portionen. Salzen und pfeffern, etwa 20 g geriebenen Parmesan mit dem Löffel unterrühren.
Passt auch zu gedünstetem Fisch, geschmortem Fleisch, auf Crostini und in Suppen.

Zutaten für etwa 200 g **Zeit** 15 Min.
Nährwert je 20 g (1 EL): 95 kcal, 1 g E, 10 g F, 1 g KH

23

Bulgur-Risotto mit grünem Spargel

Geschrotete Weizenkörner, Bulgur genannt, liebt man von der Türkei bis Marokko. Sie lassen sich ähnlich wie Risottoreis zubereiten, nur viel schneller. Hier gibt es frühlingsgrünen Spargel dazu, der mit etwas Olivenöl angedünstet wird.

Zutaten für 4 Portionen **Zeit** 20 Min.
Nährwert 295 kcal, 10 g E, 8 g F, 39 g KH, 7 g B

500 g grüner Spargel

1 Schalotte

200 g grober Bulgur

1 EL Olivenöl

1 EL Butter

100 ml Brühe

20 g Parmesan

Salz, Pfeffer

1 Spargel im unteren Drittel schälen, feste Enden abschneiden. Spargelspitzen etwa 5 cm lang abschneiden, beiseitelegen. Die restlichen Spargelstangen längs halbieren, quer in 1-cm-Stücke schneiden. Schalotte fein hacken. Bulgur in einem Sieb in einen Topf mit heißem, aber nicht mehr kochendem Wasser hängen, 5 Minuten ziehen, dann abtropfen lassen.
2 Inzwischen Spargel- und Schalottenstücke mit 1 EL Butter und 50 ml Brühe 5 Minuten zugedeckt köcheln lassen. Bulgur und weitere 50 ml Brühe untermischen, kurz erhitzen. Parallel die Spargelköpfe in 1 EL Olivenöl mit 1 EL Wasser bei niedriger Hitze zugedeckt bissfest garen, salzen, pfeffern.
3 Zum Servieren den Bulgur mit den Spargelstückchen auf die Mitte des Tellers geben, die Spargelköpfe rundherum anordnen. Darauf etwas Parmesan hobeln und Olivenöl träufeln.

Hier ist grober Bulgur am besten, er hat mehr Biss als feiner.

24

Cremiges Pilzrisotto

Das Risotto lässt sich im Voraus vorbereiten und kommt trotzdem cremig auf den Tisch. Nehmen Sie Pilze nach Wahl, je intensiver sie schmecken, desto besser. Immer gut sind Pfifferlinge und Steinpilze, es funktioniert auch mit Kräuterseitlingen oder sogar Champignons.

Zutaten für 4 Portionen **Zeit** 45 Min.
Nährwert 330 kcal, 7 g E, 21 g F, 21 g KH, 3 g B

250 g Pfifferlinge (oder andere Pilze)

1 – 2 EL Öl

100 g Risottoreis

100 ml Weißwein

500 ml Fond, erhitzt

75 g Zucchinisauce (siehe Seite 202)

50 g Parmesan, gerieben

20 g Butter

1 Pilze abbürsten, angetrocknete Ränder abschneiden, große Exemplare eventuell in Scheiben schneiden. Mit 1 EL Öl anbraten, nach 2 Minuten einige schöne Stücke beiseitelegen, den Rest einige Minuten knackig braten. Aus dem Topf nehmen, bei 50 °C abgedeckt im Ofen warm stellen.
2 Reis im Pilztopf mit 1 EL Öl bei mittlerer Hitze 3 bis 5 Minuten glasig dünsten. Mit dem Wein ablöschen. Wenn dieser verkocht ist, 100 ml heißen Fond darübergeben, kurz durchrühren und bei mittlerer Hitze köcheln lassen, bis der Reis die Flüssigkeit aufgesogen hat. Dreimal wiederholen, bis der Reis fast gar ist, im Kern aber noch Biss hat, offen stehen lassen, er muss relativ trocken sein.
3 Kurz vor dem Servieren den Risotto mit 100 ml Fond und den Pilzen aus dem Ofen erneut erhitzen. Mit 4 EL Zucchinisauce, Parmesan und 1 EL Butter oder Olivenöl cremig rühren. Mit den beiseitegelegten Pilzen dekorieren.

Oliven und ihr Öl –
das Gold des Südens

„Und nun noch etwas Fruchtsaft darüber" – das ist das Motto von Christian Soehlke für so ziemlich alles, was bei ihm auf den Tisch kommt, besonders Pasta, Risotto oder Suppen. Fruchtsaft meint in diesem Fall: Olivenöl.

Das Gold des Südens soll ganz frisch gepresst und nicht wärmebehandelt sein, also nativ extra. Ansonsten wählt man das Öl nach Geschmack, der rund ums Mittelmeer in jeder Region etwas anders ausfällt: eher milde, kräftiger, mal sogar etwas kratzig – oder eben fruchtig. Das Glück des Südens: Öl ganz frisch vom Olivenbauern zu kaufen. Olivenöl vergoldet ganze Gerichte: Wie jedes Fett verstärkt es vorhandene Aromen, steuert aber auch eigene bei. Die kann man mit etwas Brot erschmecken: Baguette getunkt in grünes oder gelbes Olivenöl der ersten Pressung, dazu etwas Salz – das

ist ein Appetithappen, der süchtig macht. Dass dieser Fruchtsaft wie jedes andere Fett 100 Kalorien und mehr pro Esslöffel mitbringt, vergisst man da nur zu gerne.

Beim Olivenöl kann man ruhig etwas großzügiger zu sein, denn es ist urgesund. Wie alle anderen Pflanzenöle enthält Olivenöl kein Cholesterin (das steckt nur in tierischen Fetten). Solche Öle können den Cholesterinspiegel sogar senken: Olivenöl hält die für Herz und Gefäße günstige HDL-Fraktion im Blut hoch.

Olivenöl ist ideal für die kalte Küche, kann aber bis 180 °C erhitzt werden, heißer sollte es in der Pfanne ohnehin nicht werden. Entgegen den Angaben in vielen älteren Kochbüchern kann man also mit Olivenöl durchaus braten. Das empfindliche Fett ist allerdings lichtscheu, im Hellen oxidiert es schnell, wird ranzig. Ideal sind daher dunkle Flaschen, kühles Ambiente (Keller oder Speisekammer), Kühlschrankkälte mag es dagegen nicht.

Neben den Olivenbäumen blühen in der Provence die Rapsfelder. Von dort kommt das Rapsöl, ob nativ oder raffiniert, ist bei diesem Öl gleichgültig. Raffiniert ist es geschmacksneutral und das ist für manche ein Vorteil. Mit seinen günstigen Fettsäuren macht es in Sachen Gesundheit inzwischen sogar dem Olivenöl den ersten Platz streitig. Auch Walnuss- oder Sesamöl gehören zum mediterranen Angebot, tragen ihr spezielles Aroma zu den Gerichten bei. Trotzdem: Nichts geht über Olivenöl, über die Ruhe der Haine rund um das Mare Mediterraneum, in dem die uralten Bäume seit Jahrtausenden zu Hause sind. Das Öl der Olive ist mehr als eine Zutat, es ist ein Lebensgefühl.

Hummus

Ob Humus, Hummus oder Hoummous – rund ums Mittelmeer ist die Kichererbsenpaste ein Klassiker. Die Sesampaste Tahina gehört immer dazu. Servieren Sie den Hummus mit etwas Olivenöl darüber, am besten zusammen mit Auberginenkaviar.

Zutaten für 4 Portionen **Zeit** 10 Min.
Nährwert 195 kcal, 8 g E, 15 g F, 13 g KH, 7 g B

1 Dose Kichererbsen,
etwa 250 g Einwaage

2 EL Tahina (Sesampaste)

½ Zitrone

2 TL Kreuzkümmel gemahlen

2 EL Olivenöl

Salz

1 Die Kichererbsen abgießen, etwas Flüssigkeit zurückbehalten und beim Pürieren (Mixstab) je nach gewünschter Konsistenz dazugeben. Es soll eine nicht zu feste Paste ergeben.
2 Hummus mit Tahina, dem Saft einer halben Zitrone und dem Kreuzkümmel gut vermischen, mit Salz abschmecken. Auf einem Teller anrichten, pro Portion 1 bis 2 TL Olivenöl darübergeben, mit Brot servieren.

Rührt man Joghurt ein, wird Hummus kalorienärmer. Es gibt viele Versionen, beispielsweise mit gehackten Kräutern wie Petersilie oder frischem Koriander, mit gemahlenem Koriander, Chili oder sogar Safran. Das leicht säuerliche Sumach (siehe Seite 206) wird nicht untergemischt, sondern darübergestreut.

Tahina und gemahlenen Kreuzkümmel gibt es mittlerweile in vielen Supermärkten. Am besten schmeckt aber ganzer Kreuzkümmel aus der Gewürzmühle. Die Samen bekommt man – wie auch Sumach – in türkischen und arabischen Läden.

Auberginenkaviar

Nach libanesischem Originalrezept (mit Tahina) legt man die Auberginen direkt auf die Grillglut. Innen sind sie ganz schnell gar, die verkohlte Haut wäscht man einfach ab. Das gibt einen fantastischen Rauchgeschmack. Wir nehmen als Alternative den Ofen.

Zutaten für 4 Portionen **Zeit** 40 Min., 20 aktiv
Nährwert 150 kcal, 2 g E, 16 g F, 4 g KH, 3 g B

1 – 2 Auberginen (400 – 500 g)

3 EL Olivenöl

3 Knoblauchzehen

2 – 3 Stiele Thymian oder Rosmarin

50 g Ziegenfrischkäse

Zitronensaft

Salz, Pfeffer, Sumach

1 Ofen auf 250 °C vorheizen. Auberginen längs halbieren, die Schnittfläche kreuzweise ziemlich tief einschneiden. Je 1 EL Olivenöl darüberstreichen, salzen. 1 bis 2 Knoblauchzehen in dünne Scheiben schneiden und mit den Kräutern auf die Schnittfläche legen. Die Hälften zusammensetzen, in Alufolie wickeln, im Ofen garen.
2 Nach 30 Minuten aus dem Ofen nehmen, Kräuter entfernen, Fruchtfleisch mit einem Löffel herausholen, auf einem Brett grob hacken. Mit dem Ziegen- oder anderem Frischkäse mischen, die Blätter von den Kräuterstielen zupfen, hacken und daruntermischen. Mit etwas Zitronensaft und frischem Knoblauch abschmecken: Dafür mit einer geschälten Zehe an den Zinken einer Gabel reiben, sodass etwas Saft herauskommt. Etwas Olivenöl einarbeiten, salzen, pfeffern.
3 Auf einem Teller esslöffelweise anrichten, etwas Paprikapulver oder Sumach (siehe Seite 206) darübergeben und mit Baguettebrot servieren.

Tapenade schwarz + grün

70 g Kapern in Salz oder Lake ● 150 g schwarze oder
grüne Oliven, entkernt, nicht zu hart ● 1 Ei, sehr frisch ●
1 – 2 TL Sardellenpaste ● 1 kleine Knoblauchzehe ●
1 gehäufter TL Dijonsenf ● 1 EL Brandy oder Armagnac ●
2 EL Olivenöl

▶ Kapern zwei Minuten in heißes Wasser legen, abspülen, auf Küchenpapier ausdrücken. Oliven trocken
tupfen, hacken, mit Kapern, Eigelb, Knoblauch, Senf,
Sardellenpaste und Alkohol im Mixbecher pürieren.
Das Olivenöl unterrühren und danach kalt aufbewahren. Garantiert salmonellenfrei, aber nicht ganz
original: Statt Eigelb 1 EL Frischkäse untermischen.
Unter einer dünnen Schicht Öl kühl stellen.
Passt zu geröstetem Baguette und als kleine Vorspeise, flüssiger gerührt auch gut zu Fisch, Pasta,
Salat oder als Dip für Gemüse.

Zutaten für je etwa 250 g **Zeit** 10 Min.
Nährwert je EL (20 g) 67 kcal, 1 g E, 5 g F, 4 g KH, 6 g B

Lachsmousse
mit Estragon

3 – 4 Stiele frischer Estragon ● 200 g Räucherlachs ●
150 g Crème fraîche ● 1 TL Zitronensaft (optional) ●
Salz, Pfeffer

◀ Estragon waschen, trocken schütteln. Die Blätter
grob schneiden, ebenso den Räucherlachs. Beides
mit 150 g Crème fraîche pürieren (Mixstab), mit
Salz, Pfeffer und eventuell etwas Zitronensaft abschmecken.
Passt zu gerösteten Brotscheiben, als Dip und –
eventuell etwas flüssiger gerührt – zu rohem
Gemüse.

Zutaten für etwa 350 g **Zeit** 10 Min.
Nährwert je 50 g: 320 kcal, 0,5 g E, 29 g F, 6 g KH

Knusprige Kichererbsen

1 Dose Kichererbsen (250 g Abtropfgewicht) ● 1 Knoblauchzehe ● 2 EL Öl nach Wahl ● ½ TL Pfeffer gemahlen ● ½ TL Salz ● ½ TL Chilipulver ● ¼ TL Paprikapulver je nach Geschmack mild bis scharf

▶ Ofen auf 180 °C (Ober-/Unterhitze) vorheizen. Kichererbsen abgießen, gut abtropfen lassen und zwischen 2 Lagen Küchenpapier trockentupfen. Eine geschälte Knoblauchzehe in das Öl pressen, Gewürze untermengen, mit den Kichererbsen vermischen. Die Erbsen auf einem mit Backpapier ausgelegtem Blech verteilen und 30 bis 40 Minuten backen, eventuell länger: Sie sollen kross und knackig werden, aber nicht verbrennen
Passt zu Salaten, in cremige Suppen, als kleine Knabberei vorweg.

Zutaten für 10 Portionen **Zeit** 45 Min., 10 aktiv
Nährwert je 1 EL (25 g) 30 kcal, 2 g E, 0,5 g F, 4 g KH, 2,5 g B

Parmesantaler

70 g Parmesan

◀ Den Backofen auf 150 °C (Ober-/Unterhitze) vorheizen. Den Parmesan reiben, jeweils 1 TL geriebenen Käse auf einem mit Backpapier ausgelegten Blech flachdrücken, sodass 12 Taler entstehen. 10 bis 12 Minuten backen. Die Alternative: je 4 Taler etwa 4 Minuten bei höchster Einstellung ins Mikrowellengerät geben.
Passt zu Salaten und Suppen und als kleine Knabberei vorweg.

Zutaten für 12 Stück **Zeit** 20 Min., 10 aktiv
Nährwert pro Stück 20 kcal, 2 g E, 1,5 g F

31

Am Anfang steht etwas Schnippelei. Die Frittata schmeckt
warm und kalt, als Vorspeise oder Hauptgang. Probieren Sie ein
wenig herum, es passt fast alles dazu, auch Artischocken.

Gemüsefrittata mit Parmesan

1 Zwiebel und Schoten in grobe Stücke schneiden, die geschälte
Möhre in feine Streifen. Champignons vierteln, Zucchini der
Länge nach vierteln und würfeln (1 cm Kantenlänge), ebenso
den Kürbis. Selleriestangen in Scheiben schneiden (junge etwa
½ cm dick, ältere feiner). Radieschenstiele grob hacken, Blätter
ganz lassen.
2 In einer großen, beschichteten Pfanne 3 EL Öl erhitzen. Zwiebel, Möhren und Sellerie darin zugedeckt bei niedriger Hitze
10 Minuten andünsten, dann das weichere Gemüse (Zucchini,
Kürbis, Pilze), etwas salzen und pfeffern. Nach 5 Minuten Radieschenstiele und Blätter untermischen.
3 Die Eier in einer großen Schüssel verquirlen, salzen und mit
dem Parmesan, Kräutern der Provence und dem heißen Gemüse mischen. In der Pfanne weitere 2 EL Öl erst sehr heiß werden
lassen, dann den Eier-Gemüse-Mix darin stocken lassen. Dabei
die schon festere Eiermasse mit einer Gabel hochheben, sodass
noch flüssige darunterfließt. Deckel auflegen, die Pfanne vom
Feuer ziehen und 3 bis 5 Minuten stocken lassen. Die Frittata
soll nicht braun werden, auch nicht unten.
4 Frittata zum Wenden mithilfe des Deckels oder eines Tellers
stürzen, wieder in die Pfanne gleiten lassen und vorsichtig fertig garen. Das Ei am Pfannenrand mit einem Holzlöffel lösen.
Kalt oder warm servieren, nach Wunsch dafür in Tortenstücke
oder große Rhomben schneiden.

Zuckerschoten sind manchmal holzig mit Fäden: Am Stiel-
ende abschneiden, in Wasser legen, bis sie prall werden, die
holzigen Seiten mit den Fäden wegschneiden (Sparschäler).

Zutaten für 4 Portionen **Zeit** 45 Min.
Nährwert 240 kcal, 12 g E, 17 g F, 7 g KH, 4 g B

1 mittlere Zwiebel

200 g Zuckerschoten (oder grüne
Bohnen)

1 mittlere Möhre, etwa 125 g

100 g Champignons

250 g kleine Zucchini

200 g Kürbis

4–5 kleine helle Selleriestangen

5 EL Olivenöl

Grün von 1 Bund Radieschen

8–10 Eier Größe M

50 g Parmesan

1 EL Kräuter der Provence

Salz, Pfeffer

Suppen

Die kalte spanische Gazpacho ist gewissermaßen ein flüssiger Tomatensalat. Und so wird sie auch gewürzt. Zutaten wie Gurken und Paprika, die oft mitpüriert werden, gibt es hier separat. Der ideale kulinarische Auftakt für Sommerabende.

Gazpacho – ganz frisch

1 Die Tomaten waschen, halbieren, den Stielansatz entfernen und pürieren (Mixstab oder Mixer). Die pürierten Tomaten durch ein Sieb rühren, dabei die Reste mit dem Löffelrücken ausdrücken, sodass Häute und Kerne zurückbleiben. Das geht einfacher und schneller, als die Tomaten in kochendes Wasser zu geben und danach einzeln zu enthäuten.

2 Das Brot ohne Rinde in grobe Stücke zerpflücken und zu den pürierten Tomaten geben, etwa 20 Minuten einweichen. Zwiebel und Knoblauch häuten und klein schneiden. Die Suppe mit Brot, Zwiebeln und Knoblauchzehe erneut pürieren, mit Essig, Salz, Pfeffer und einem Spritzer Tabasco würzen. 3 bis 4 Stunden kühl stellen, notfalls 2 bis 3 Eiswürfel hineingeben.

3 Paprikaschote und Gurke mit Schale in kleine Würfel schneiden, die Frühlingszwiebeln in feine Scheiben. Die Brotscheiben toasten, mit einer halbierten Knoblauchzehe abreiben und in Würfel schneiden. Die Zugaben in Schälchen servieren, so dass sie jeder nach Belieben zu seiner Gazpacho gibt. Kurz vor dem Servieren der Gazpacho noch das Mineralwasser unterrühren. Gut schmeckt dazu etwas Olivenöl über die Suppe geträufelt.

Würzen Sie die Suppe so wie Sie Ihren Salat mögen, aber intensiver: Die Kälte schluckt Aromen. Weitere Beigaben: gehackte schwarze und grüne Oliven, kleine Fetawürfel.

Geschmacklich geht hier nichts über superreife frische Tomaten, sie können ruhig schon etwas weich sein. Dosentomaten sind wirklich nur im Notfall ein Ersatz.

Zutaten für 4 Portionen **Zeit** 25 Min.
Nährwert 215 kcal, 5 g E, 9 g F, 21 g KH, 7 g B

Suppe

1 kg mittelgroße sehr reife Tomaten

2–3 Scheiben Weiß- oder Toastbrot

1 kleine Zwiebel, etwa 50 g

1 große Knoblauchzehe

Salz, Pfeffer, Tabasco

1–2 EL Sherry- oder Rotweinessig

100 ml Mineralwasser stark sprudelnd

3–4 EL Olivenöl

Zugaben

½ grüne Paprikaschote

½ Salatgurke

2–3 Frühlingszwiebeln

2 Scheiben Weiß- oder Toastbrot

1 Knoblauchzehe

etwas Olivenöl

Zimt und Kreuzkümmel geben dieser orientalischen Suppe Würze. Besonders edel wird Harira mit Safran – Kurkuma geht als Ersatz. Für die Traditionssuppe gibt es unzählige Varianten: Stangensellerie, der in diesem Rezept nur als Würze dient, wird manchmal auch mitgegessen. Oft dabei sind Tomaten, Möhren oder Kichererbsen.

Harira mit Safran und Chili

1 Kartoffeln schälen und in kleine Stücke schneiden (1,5 cm x 1,5 cm), die Zwiebeln sehr fein schneiden. Beides in einem Topf mit Öl etwa 5 Minuten andünsten, dabei auch salzen.

2 Selleriestangen kappen, einmal der Länge nach aufschneiden und dann quer teilen, so dass sie gut in den Topf passen. Mit den Linsen zum Gemüse geben und rund 750 ml Wasser dazugeben, so dass alles gut bedeckt ist. Gewürze – bis auf das Chilipulver – hinzufügen und etwa 15 Minuten bei niedriger Hitze mit Deckel köcheln lassen.

3 Die Selleriestangen herausfischen. Eventuell nachsalzen, Chili für Schärfe dazugeben, nach Belieben auch Orangen- oder Zitronensaft für leichte Säure.

Rote Linsen werden beim Kochen sehr schnell weich. Sie sind unerlässlicher Bestandteil dieser Suppe, man kann auch etwas mehr nehmen, dann wird das Ganze dickflüssiger. Die Kartoffeln kann man auch weglassen und durch Saubohnen ersetzen.

Zutaten für 4 Portionen **Zeit** 30 Min., 15 aktiv
Nährwert 190 kcal, 8 g E, 6 g F, 22 g KH, 6 g B

300 g Kartoffeln

2 kleine Zwiebeln

1 – 2 EL Olivenöl

2 kleine Selleriestangen

100 g rote Linsen

1 Dose Safran (oder 1 TL Kurkuma)

¼ TL Zimt

½ TL Kreuzkümmel

1 Prise Zucker

Salz

Chilipulver

1 – 2 EL Orangen- oder Zitronensaft (optional)

Aromen wehen über das Land

Im Frühjahr wächst der rosa blühende Thymian in der Provence dicht an dicht, im Sommer prägen lila-blaue Lavendelfelder die Landschaft, senden ihren betörenden Duft in die Dörfer. Lavendel findet sich daher auch in der charakteristischen Kräutermischung der Region, die es selbst bei uns zu kaufen gibt, allerdings nur getrocknet.

Für die Mischung der Kräuter hat jede provenzalische Familie ihr eigenes Rezept. Immer dabei ist Thymian, Rosmarin, Oregano, Bohnenkraut, Majoran. Weitere Kombinationen: mit Ysop, Minze, Estragon, Salbei, vielleicht noch ein paar Gewürze wie Koriander oder Piment.

Was wir riechen, ist für das sinnliche Erlebnis beim Essen wichtiger als das, was wir über die Zunge schmecken. Duft und Geschmack kommen von den sogenannten sekundären Pflanzenstoffen. Sie regen nicht nur den Appetit an, sondern entfalten gerade in Kräutern auch heilsame Wirkungen. Salbei zum Beispiel bewährt sich schon immer bei einem rauen Hals, nach neusten Forschungen ist er auch gut fürs Gedächtnis. Thymian soll schleimlösend und antibakteriell wirken. Ganz nebenbei enthalten die Kräuter

auch noch mehr Vitamine und Mineralstoffe, als man ihnen zutraut.

Typisch südliche Kräuter, die man beim Kochen immer wieder verwendet, sind Thymian, Rosmarin, Salbei, Bohnenkraut, Oregano und Lorbeer. Am besten sind sie frisch vom Feld, hierzulande vom Balkon oder aus dem Garten, das ist im Sommer gut möglich. Eng in Frischhaltefolie gewickelt, halten sie sich auch ein paar Tage.

Für den Winter reicht das aber nicht: Deshalb ist es gut, dass viele mediterrane Kräuter auch getrocknet eine Menge Aroma besitzen. Aber die gibt es bei uns nicht immer in ansprechender Qualität zu kaufen. Getrocknete Minze kommt in der Provence großblättrig in die Markthallen und ist ausgesprochen intensiv – kein Vergleich zu

dem, was man hier meist nur als Tee bekommt. Für das Rezept mit den Zitronenspaghetti (Seite 96) hätten wir sie gerne genutzt. Eine hervorragende Investition sind dagegen getrocknete provenzalische Kräutermischungen: Jedes Jahr sollte man seinen Vorrat an getrockneten Gewürzen austauschen, die Mischungen verbraucht man deutlich schneller als einzeln gekaufte Kräuter.

Manche Kräuter sollte man nur frisch verwenden. Petersilie oder Dill zum Beispiel machen getrocknet nicht viel her. Und was an Kräutern aus der Tiefkühltruhe kommt, ist meist auch keine Offenbarung. Eine Ausnahme sind übrig gebliebene Petersilienstengel, die man selbst einfriert. Man kann sie bei vielen Gerichten als Würze mitkochen. In Öl halten sich Kräuter aber gut, es fängt viele ihrer Aromastoffe auf. Das beste Bei-

spiel ist Basilikum, das getrocknet wenig taugt, aber einfach göttlich im Pesto ist, wo es nicht an Würze verliert – die bleibt im Olivenöl, wo sie sich mit den Aromen von Knoblauch verbindet.

Der Knoblauch, mit seinen Schwefelverbindungen, gilt vielen fast als eine Wunderdroge. Besonders das Allicin hat eine stark antibiotische Wirkung und kann helfen, Bakterien und Hefen den Garaus zu machen. Frühlingsfrisch schmecken die tollen Knollen am besten, dann würzen sie noch milde und gehören in den Kühlschrank. Später können sie ruhig draußen bleiben, aber nicht am Gewürzregal. Dort sind die getrockneten Zöpfe zwar dekorativ, aber so nah den Küchendämpfen nicht gut untergebracht. Überlagerten Knoblauch erkennt man an der grünen Spitze.

„Aïgo boulido" heißt die einstige Arme-Leute-Suppe in der Provence, „aqua cotta" in Italien, zu Deutsch „gekochtes Wasser". Kennzeichen: Wasser, Salz und Olivenöl, in dem sich die Aromen sammeln. Dieses schon schmackhafte Grundrezept kann man mit verschiedenen Zutaten variieren.

Gekochtes Wasser

1 Gut einen Liter Wasser mit Lorbeerblättern, 1 EL Öl und 1 TL Salz aufkochen, die Knoblauchzehen schälen und hineinpressen. Bei geschlossenem Deckel und kleinster Hitze mindestens 15 Minuten köcheln lassen. Das geschnittene Weißbrot toasten und in Stücke schneiden.

2 Den Topf von der Kochplatte ziehen. Lorbeerblätter oder getrocknete Kräuter entfernen. Nach und nach die beiden Eigelb unter die noch heiße, aber nicht kochende Suppe rühren – es soll nicht gerinnen. Mit Salz und Pfeffer abschmecken. Erst etwas Brot in die Teller geben, dann die Suppe. Frisch gemahlenen Parmesan unterrühren, etwas Olivenöl darübergeben.

Mit Gemüse 1 mittlere Zwiebel und 1 Möhre klein schneiden, mit 1 EL Öl glasig dünsten, dann 1 Liter Wasser dazugeben, salzen und wie im Grundrezept 4 Knoblauchzehen reindrücken. ½ Fenchel und 2 Selleriestangen sehr fein schneiden, dazugeben und alles 15 Minuten köcheln lassen, zum Schluss 200 g gewürfelte Tomaten ohne Kerne noch 5 Minuten mitkochen. Mit geröstetem Brot und Parmesan servieren, über jeden Teller etwas Olivenöl geben. Wenn man statt Brot 120 g kurze Nudeln oder gewürfelte Kartoffeln mitkocht, ergibt das Ganze eine Mahlzeit. Mit Salz und Pfeffer abschmecken.

Mit Pilzen 10 g getrocknete Steinpilze 20 Minuten in einem halben Liter Wasser bei niedriger Hitze mit Deckel köcheln lassen. Durch ein sehr feines Sieb filtern, Pilze abspülen, Pilzwasser mit Pilzen zu gut einem Liter auffüllen, salzen, erneut erhitzen. Mit 1 EL Öl und ½ TL getrocknetem Thymian 15 Minuten köcheln, 2 EL Sahne unterrühren, mit 100 g angebratenen Champignonscheiben und frischen Kräutern servieren. Abschmecken.

Zutaten für 4 Portionen **Zeit** 20 Min., 10 aktiv
Nährwert 205 kcal, 5 g E, 6 g F, 21 g KH, 2 g B

2 Lorbeerblätter (oder 2 TL getrockneter Salbei)

2 EL Olivenöl

4 Knoblauchzehen

4–6 dünne Scheiben Weißbrot

2 Eigelb

4 EL geriebener Parmesan

Salz, Pfeffer

Leichte Champignoncreme

Zutaten für 4 Portionen **Zeit** 30 Min., 20 aktiv
Nährwert 110 kcal, 5 g E, 6 g F, 6 g KH, 1 g B

Die weißen Allerweltspilze bekommen durch etwas Weißwein eine dezente Säure. Milch macht die pürierte Suppe sanft.

350 g Champignons
1 kleine Knoblauchzehe
1 Schalotte
30 g Butter
1 EL Mehl
150 ml Weißwein
500 ml Hühnerbrühe
500 ml Milch
Salz, Pfeffer

1 Champignons trocken abbürsten, einige zur Dekoration beiseitelegen, den Rest sehr klein schneiden. Knoblauch und Schalotte schälen, klein schneiden und mit den Pilzen etwa 5 Minuten in Butter andünsten. Das Gemüse soll höchstens leicht bräunen, salzen.
2 Mehl über die Pilze stäuben, unter Rühren Wein und Brühe zugießen, abgedeckt etwa 15 Minuten köcheln lassen. Milch dazugeben, wieder zum Kochen bringen und pürieren. Mit Salz und Pfeffer abschmecken
3 Zum Servieren die restlichen Champignons in Scheiben über die Suppe streuen, alternativ gehackte Walnüsse, am besten vorher fettfrei in der Pfanne geröstet.

Grüne Zucchinicreme

Diese Cremesuppe lässt sich meistens sogar aus dem Vorrat zubereiten. Denn Zucchini halten sich lange. Überraschend grün bleibt die Zucchinicreme dank der Zugabe von Natron.

Zutaten für 4 Portionen **Zeit** 20 Min.
Nährwert 50 kcal, 5 g E, 9 g F, 8 g KH 4 g B

3 – 4 mittlere Zucchini, etwa 600 g

2 Schalotten (oder 1 Zwiebel)

2 EL Olivenöl

1 – 2 Knoblauchzehen

1 Prise Natron (Backsoda)

1 l Brühe (auch Instant)

30 g geräucherter Schinken

1 Zucchini waschen, vierteln und quer in kleine Würfel schneiden. Schalotten sehr klein schneiden, in 1 EL Olivenöl bei niedriger Hitze farblos andünsten. Knoblauchzehen häuten, hacken und hinzufügen. Alles mit den Zucchini-würfeln unter Rühren 2 bis 3 Minuten ohne Bräunen andünsten.
2 Mit einer Prise Natron und 750 ml Brühe kurz aufkochen, auf niedrigster Stufe mit Deckel etwa 10 Minuten kö-cheln lassen, dann pürieren und mit dem Rest der Brühe noch einmal auf-kochen. In Tellern oder Schalen servie-ren, zuvor jeweils klein geschnittenen Schinken und Olivenöl darübergeben.

Kleiner Trick von Christian Soehlke: Natron lässt auch anderes Gemüse wie Wirsing schön hellgrün bleiben.

45

Tomatensuppe – heiß und kalt

Einfacher geht's kaum: Die Tomaten kommen halbiert in die Pfanne, werden mit der Pinzette blitzschnell enthäutet und dann püriert. Etwas Schärfe unterstreicht den frischen Geschmack, heiß ebenso wie kalt. Gut zu beidem: Crème fraîche und Basilikum.

Zutaten für 4 Portionen **Zeit** 35 Min., 20 aktiv
Nährwert: 150 kcal, 3 g E, 8 g F, 8 g KH, 3 g B

1 mittlere Zwiebel

1 – 2 EL Olivenöl

1 große Knoblauchzehe

1 kg mittelgroße sehr reife Tomaten

1 Bund Basilikum

100 g Crème fraîche (optional)

Salz, Pfeffer, Chili oder Harissa

1 Zwiebel schälen und würfeln. In einer großen Pfanne bei mittlerer Hitze 3 bis 5 Minuten in Öl glasig dünsten, zum Schluss den Knoblauch in Scheiben dazugeben. Tomaten längs halbieren, Stielansatz herausschneiden, mit der Schnittseite nach unten in derselben Pfanne zugedeckt 15 Minuten köcheln lassen. Die Haut mit einer Pinzette abziehen. Je nach Größe der Tomaten in zwei Portionen arbeiten.
2 Tomatenmix in einen Topf umfüllen, nach Wunsch sehr fein oder etwas stückig pürieren, etwa 500 ml Wasser, Salz oder gekörnte Brühe dazugeben und kurz aufkochen, mit Pfeffer, einer Prise Chili oder einer Messerspitze Harissa würzen, eventuell mit etwas Tomatenmark andicken. In Teller oder Schalen füllen und mit etwas gehacktem Basilikum, je nach Wunsch auch mit 1 EL Crème fraîche servieren.

Im Winter sind ganze geschälte Tomaten aus der Dose ein guter Ersatz.

Spinatsuppe mit Sesam

Pürierte Kichererbsen machen diese Spinatsuppe cremig, die Sesampaste Tahina gibt dem Ganzen eine besondere Geschmacksnote. Dazu kommt etwas Curry, mit dem man gerne in Nordafrika würzt. Sesamkörner runden die Suppe ab.

Zutaten für 4 Portionen **Zeit** 20 Min.
Nährwert 170 kcal, 3 g E, 14 g F, 6 g KH, 3 g B

200 g Spinat, tiefgefroren

1 mittlere Zwiebel

1 Knoblauchzehe

100 g Kichererbsen (aus der Dose)

1 EL Olivenöl

1 EL Tahina

750 ml Hühnerbrühe

1 EL milder Curry

2 EL Sahne

1–2 TL Zitronensaft

Kreuzkümmel oder Koriander, gemahlen (optional)

15 g Sesamkörner

Salz, Pfeffer

1 Spinat auftauen (am besten per Mikrowelle), gut ausdrücken, hacken. Zwiebel und Knoblauch häuten und klein hacken. Kichererbsen abgießen.
2 Die Zwiebel in Öl glasig anschwitzen. Knoblauch und Spinat dazugeben, ebenfalls 2 bis 3 Minuten andünsten. Mit Tahina, Brühe, Curry und den Kichererbsen kurz aufkochen. Alles mit 2 EL Sahne pürieren, mit etwas Zitronensaft, Salz und Pfeffer abschmecken, je nach Geschmack auch mit etwas Kreuzkümmel oder Koriander.
3 Sesamkörner in einer Pfanne ohne Fett leicht bräunen. Die recht dickflüssige Suppe pro Teller mit je 1 TL Sesamkörnern servieren.

Pistou heißt das südfranzösische Basilikumpesto. Es ist leichter als das italienische: ohne Nüsse, aber mit Tomaten. Traditionell würzt Pistou eine Sommer-Suppe gleichen Namens mit verschiedenen frischen Bohnen.

Leichte Soupe au pistou

1 Zwiebeln und Möhren schälen und in kleine Stücke schneiden. Den Lauch gründlich waschen, in 1 cm dicke Ringe schneiden, die Selleriestangen in dünne Scheiben. Tomaten halbieren, die Kerne mit einem Löffel entfernen, Stielansätze herausschneiden und in sehr kleine Stücke schneiden. Weiße Bohnen nur abgießen.

2 Das Gemüse – außer Tomaten und Bohnen – mit 2 EL Öl in einen Topf geben, salzen und 15 Minuten auf niedrigster Hitze bei geschlossenem Deckel anschmoren. Gelegentlich umrühren, es soll nicht braun werden. Geflügelbrühe, grüne Bohnen, Natron und die Hälfte der Tomaten dazugeben und köcheln lassen, bis die Bohnen weich sind. Dann die weißen Bohnen dazugeben und kurz mit erhitzen.

3 Für das Pistou die Basilikumblätter abspülen, trocken schütteln, fein hacken, mit der anderen Hälfte der Tomaten vermischen und den Knoblauch hineinpressen, das Olivenöl langsam hineinrühren.

4 Auf jeden Teller Suppe einen Esslöffel Pistou geben, nach Belieben geriebenen Parmesan dazu.

Gemüse bei niedriger Hitze anzuschmoren ist Geschmacksverstärkung pur, denn das Anrösten in Fett setzt Aromen frei und lässt sie so erst richtig zur Geltung kommen.

Sättigender wird die Suppe, wenn Sie etwa 250 g Kartoffeln oder 50 bis 100 g Hörnchennudeln dazugeben und – je nach Geschmack – mehr Gemüse.

Zutaten für 4 Portionen **Zeit** 40 Min.
Nährwert 250 kcal, 7 g E, 16 g F, 16 g KH, 8 g B

1 mittlere Zwiebel

200 g Möhren

½ Stange Lauch

3 dünne Selleriestangen, etwa 50 g

100 g grüne Bohnen

150 g Zucchini

150 g Tomaten

200 g weiße Bohnen (Dose)

2 EL Olivenöl

1 l Geflügelbrühe (auch Instant)

1 Msp. Natron

1 Topf Basilikum

1 Knoblauchzehe

2 EL Olivenöl

Parmesan, gerieben (optional)

Salz, Pfeffer

Fenchelcreme

Fenchelaroma liegt nicht jedem, aber mit dieser sanften Suppe leisten Sie Überzeugungsarbeit für ein tolles Gemüse. Wichtig für das Aroma ist der Kontrast durch andere Gemüsesorten wie Lauch und Sellerie.

Zutaten für 4 Portionen **Zeit** 45 Min., 15 aktiv
Nährwert 185 kcal, 5 g E, 17 g F, 5 g KH, 3 g B

500 g Fenchel

100 g helles Gemüse wie Lauch, Zwiebeln, Sellerieknolle

20 g Butter

100 g Sahne

100 ml Brühe (optional)

1 EL Olivenöl

20 g roher Schinken wie Pata Negra, Serrano

Salz, Pfeffer

1 Den Fenchel waschen, das harte Äußere entfernen (Sparschäler). Die Knolle längs halbieren, Strunk entfernen, quer in dünne Streifen schneiden.
2 Nehmen Sie an hellem Gemüse, was der Kühlschrank gerade bietet. Alles in kleine Stücke schneiden, mit 20 g Butter etwa 5 Minuten andünsten, dann mit dem Fenchel zugedeckt bei niedriger Hitze 10 bis 15 Minuten köcheln lassen. Dabei immer wieder rühren, es soll nicht bräunen.
3 750 ml Wasser und die Sahne zugießen, eventuell auch etwas Brühe. 15 bis 20 Minuten kochen, bis alle Gemüse ganz weich sind. Die Suppe pürieren, abschmecken (Salz, Pfeffer). Zum Servieren je etwas Olivenöl und feingehackten rohen Schinken darübergeben.

Nach diesem Prinzip mit etwa 20 Prozent anderem Gemüse kombiniert, schmeckt auch Blumenkohlsuppe interessanter. Wichtig: Den Blumenkohl sehr klein schneiden.

Sommerliche Kartoffelsuppe mit Radieschengrün

Bei dieser leichten Suppe werden die Kartoffeln nicht püriert. Überraschende Begleitung mit leicht scharfer Nebenwirkung: Radieschenstiele und -blätter.

Zutaten für 4 Portionen **Zeit** 30 Min.
Nährwert 100 kcal, 2 g E, 5 g F, 11 g KH, 2 g B

Grün von 2 Bund Radieschen

300 g Kartoffeln (festkochend oder vorwiegend festkochend)

2 Schalotten

20 g Butter

2 Knoblauchzehen

750 ml Brühe (auch Instant)

1 Radieschenköpfe abschneiden und anderweitig verwenden. Stiele mit Blättern waschen, mindestens 15 Minuten in kaltes Wasser legen, bis die Blätter wieder prall sind. Kartoffeln schälen und in mundgerechte Stücke schneiden, Schalotten häuten, fein hacken, Radieschenblätter grob, Stiele sehr klein schneiden.

2 Schalotten und Stiele in der Butter anschwitzen, die gehäuteten Knoblauchzehen hineindrücken, Kartoffeln dazugeben. Alles bei niedriger Hitze mit Deckel etwa 10 Minuten ohne Bräunen andünsten. Mit 750 ml Brühe auffüllen und mit den gehackten Radieschenblättern kurz noch einmal aufkochen.

Ohne Blätter und Stiele halten sich die Radieschenköpfe eng in Folie oder eine Plastiktüte verpackt mehrere Tage im Kühlschrank.

Diese Koalition aus Orange und Grün hat nicht nur farbliche Aspekte. Das Püree mit Radieschenblättern setzt dem sanften Kürbisaroma eine leichte Schärfe entgegen. Hokkaido ist praktisch, oft muss man ihn gar nicht schälen. Außerhalb der Kürbiszeit sind Petersilienwurzeln eine Alternative.

Kürbissuppe mit grünem Püree

1 Radieschenblätter (ohne Stiele) waschen und trocken schütteln. Schlaffe Blätter vorher mindestens 15 Minuten ins kalte Wasser legen, bis sie wieder prall sind. Den Hokkaido eventuell dünn schälen (Sparschäler), in kleine Stücke schneiden, ebenso die Zwiebel und den gründlich gewaschenen Lauch. Zucchini waschen, dünn schälen (Schalen aufbewahren) und würfeln.
2 Kürbis, Lauch, Zucchini und Zwiebel in der Hälfte der Butter anschwitzen, 500 ml Wasser zugießen, abgedeckt köcheln lassen, bis die Gemüse weich sind. Pürieren und abschmecken (Salz, Muskat).
3 Den größten Teil der Radieschenblätter fein hacken, mit den Zucchinischalen und 1 Prise Natron in der restlichen Butter andünsten, salzen, eventuell etwas Wasser zugeben, Knoblauch hineinpressen. Mit den Kartoffelstücken, 100 ml Milch und 400 ml Wasser weich köcheln und pürieren. Abschmecken mit Salz und Pfeffer.
4 Zuerst die Kürbissuppe in die Teller geben, dann den grünen Anteil. Mit der Gabel etwas auf der Oberfläche verteilen. Restliche Radieschenblätter in feine Streifen schneiden und darüberstreuen. Immer gut: etwas Olivenöl über die Suppe geben.

Ältere Hokkaido-Exemplare bleiben beim Pürieren manchmal etwas körnig. Das kann man vermeiden, in dem man den Kürbis dünn schält – viel Mühe macht das nicht.

Auch Kerbel statt Radieschengrün geht gut fürs Püree: Die Blätter von einem großen Bund zu zwei Dritteln mitpürieren, ein Drittel aufbewahren und auf die fertige Suppe streuen.

Zutaten für 4–6 Portionen **Zeit** 35 Min.
Nährwert 200 kcal, 5 g E, 9 g F, 20 g KH, 5 g B

Blätter von 1 großem Bund Radieschen

300 g Kartoffeln

250 g Hokkaido (oder Butternutkürbis)

1 mittlere Zwiebel

½ Lauchstange weißer Teil

2 mittlere Zucchini

40 g Butter

Muskat gerieben

1 Prise Natron

2 Knoblauchzehen

100 ml Milch

Salz, Pfeffer

Für das italienische Nationalgericht hat jede Region ihr Rezept mit Zutaten der Saison. Praktisch immer dabei sind weiße Bohnen, Tomaten und Parmesan. Traditionell wird Minestrone ziemlich lange gekocht. Wir finden das Gemüse bissfest besser und geben Parmesanrinde fürs Aroma im Topf.

Schnelle Minestrone

1 Zwiebeln, Kartoffeln und Möhren schälen. Das restliche Gemüse waschen, Tomaten entkernen, Selleriestangen entfädeln. Alles in kleine Scheiben, Ringe oder Würfel schneiden. Den Knoblauch häuten und hacken. Insgesamt sollten es 800 bis 900 g geputztes Gemüse sein.

2 Zwiebeln mit Speck und Knoblauch in 2 EL Öl glasig anbraten, dann auch das andere Gemüse bis auf die Kartoffeln, Tomaten und Zucchini. Nach 10 Minuten die Brühe, Kartoffeln, Lorbeerblätter, Thymian und Parmesanrinde hinzufügen und 10 Minuten köcheln lassen. Tomaten, weiße Bohnen und Zucchiniwürfel dazugeben und weitere 5 Minuten köcheln lassen.

3 Lorbeerblatt und Käserinde herausfischen. Mit je 1 EL Basilikumblättern und geriebenem Parmesan pro Teller servieren.

Kochen Sie auf Vorrat. Die Suppe schmeckt am nächsten Tag, wenn die Aromen durchgezogen sind, noch besser. Im Kühlschrank hält sie sich mehrere Tage.

Variieren Sie die Gemüse, es können auch Wirsing oder Weißkohl sein, Tomaten aus der Dose oder 30 g getrocknete funktionieren auch. Ideal als Speck ist der italienische Pancetta, Räucherspeck geht als Ersatz.

Zutaten für 4 Portionen **Zeit** 45 Min., 30 aktiv
Nährwert 330 kcal, 24 g E, 11 g F, 32 g KH, 14 g B

1–2 mittlere Zwiebeln

150 g Kartoffeln festkochend (oder 100 g kurze Makkaroni)

250 g Möhren

2 große Tomaten

250 g Zucchini

2 Selleriestangen

250 g weiteres Gemüse wie Rübchen, grüne Bohnen, Lauch

2 Knoblauchzehen

150 g gewürfelter Speck, nicht oder nur wenig geräuchert

2 EL Olivenöl

1,5 l Brühe (auch Instant)

2 Lorbeerblätter

1–2 TL getrockneter Thymian

Parmesanrinde

400 g weiße Bohnen (Dose)

1 Bund Basilikum

4 EL Parmesan gerieben

Gemüse und Salate

Chicorée mit Apfel, Huhn und Sumach

Chicorée kommt aus dem Dunklen, und da sollte er auch bleiben: Licht macht die Blätter grünlich und bitter. Mit der richtigen Würze lässt sich aus dem knackigen Zichoriengewächs ein wunderbarer Salat machen.

Zutaten für 4 Portionen **Zeit** 15 Min.
Nährwert 230 kcal, 17 g E, 18 g F, 11 g KH, 3 g B

250 g Hühnerbrust

1 EL Rapsöl

500 g Chicorée, etwa 3 Stauden

1 großer Apfel, am besten Granny Smith

1–2 EL weißer Balsam- oder Apfelessig

2–3 EL Oliven- oder Walnussöl

Salz, Pfeffer

2–3 TL Sumach

1 Die Hühnerbrust in schmale Streifen schneiden. Salzen, pfeffern und in Öl rundherum etwa 3 Minuten anbraten.
2 Die Chicoréeköpfe abspülen, trocknen und halbieren. Den Strunk herausschneiden und klein würfeln, eine Schüssel oder einen Teller mit einigen äußeren Blätter auslegen. Die anderen Blätter in daumenbreite Halbringe schneiden. Den geschälten Apfel in kleine Würfel schneiden.
3 Aus Essig, Olivenöl und 1 EL Wasser eine Vinaigrette mischen, die großen Salatblätter damit beträufeln. Apfelstücke, Chicoréeringe, klein geschnittenen Strunk und Hühnerbruststreifen mit der Vinaigrette vermengen, auf die Blätter füllen. Nach Geschmack Sumach (Seite 206) darüberstreuen.

Eine vegetarische Variante: Statt Huhn 80 bis 100 g würzigen Schnittkäse in Würfeln (zum Beispiel Emmentaler) über den Salat geben, eine Handvoll gehackter Walnüsse in der Pfanne rösten und darüberstreuen.

Marokkanischer Karottensalat

Ein orange-grüne Symphonie und dazu noch urge-sund. Das machen Karotten, Knoblauch, Olivenöl und auch Kreuzkümmel, ein typisch nordafrikanisches Gewürz – eine tolle Beilage oder Vorspeise.

Zutaten für 4 Portionen **Zeit** 15 Min.
Nährwert 105 kcal, 1 g E, 8 g F, 7 g KH, 5 g B

500 g Karotten

Salz, Zucker, Pfeffer

2 EL Olivenöl

1 Zitrone

1 Prise scharfer Paprika

½ TL Kreuzkümmel, gemahlen

1 – 2 Knoblauchzehen

1 – 2 Stiele Koriander (oder Petersilie), nach Wunsch auch mehr

1 Karotten schälen und schräg in ovale Scheiben schneiden, etwa 3 mm dick. Mit 1 TL Salz und 1 Prise Zucker in 1,5 l Wasser etwa 3 Minuten bissfest kochen. Abgießen.
2 Olivenöl mit 1 EL Zitronensaft und eventuell 1 EL Wasser zu einer Vinai-grette mischen. Mit Salz, Pfeffer, Pa-prika und Kreuzkümmel würzen und über die Möhren geben.
3 Je nach Geschmack 1 bis 2 Knob-lauchzehen in den Salat pressen, un-termengen, gut durchziehen lassen.
4 Koriander waschen, trocken schüt-teln, die Blättchen grob hacken und mit den Möhren vermengen.

Und so geht's mit rohen Karotten: 500 g grob reiben. Saft einer Zitrone mit 2 EL Öl und ½ TL Kreuzkümmel darübergeben, eventuell etwas Zu-cker dazu. Mindestens 30 Minuten marinieren, mit reichlich gehackter Petersilie oder Koriander servieren.

Sommer, Sonne, Süden – so sieht dieser Salat aus und so schmeckt er auch. Aber eigentlich erst mit richtig schön reifen Tomaten, also etwa ab Juli oder August. Besonders die Tomatenvinaigrette braucht das volle Aroma.

Der ultimative Tomatensalat

1 Schalotte und Knoblauchzehe häuten und sehr fein hacken. Die Tomaten waschen, trocknen und quer halbieren, so dass man mit einem kleinen Löffel die Kerne samt Tomatenflüssigkeit herauslösen kann: Kerne plus Flüssigkeit mit Essig, Olivenöl, der Schalotte und der Knoblauchzehe zu einer Vinaigrette mischen, nach Wunsch auch Dijonsenf dazugeben. Mit 1 Prise Zucker, etwas Salz und Pfeffer abschmecken.

2 Die entkernten Tomaten in mundgerechte Stücke schneiden, vorher den Strunk entfernen. Je nach Geschmack auch halbgetrocknete, klein gewürfelte Tomaten untermischen. Soviel Tomatenvinaigrette wie gewünscht unter den Salat mischen, den Rest aufheben. Zum Schluss klein geschnittene Basilikumblätter über den Salat streuen.

Die restliche Vinaigrette macht sich gut zu Fisch und Fleisch. Man kann auch 1 bis 2 Teelöffel getrockneten Thymian oder Oregano untermischen. Zum Salat passen die Parmesantaler von Seite 31.

Zutaten für 4 Portionen **Zeit** 15 Min.
Nährwert 140 kcal, 2 g E, 8 g F, 5 g KH, 2 g B

1 Schalotte

1 Knoblauchzehe

500 g feste reife Tomaten, mittelgroß

1 EL Rotwein- oder Sherryessig

1 – 2 EL Olivenöl

1 TL körniger Dijonsenf (optional)

Salz, Pfeffer, Zucker

50 g halbgetrocknete Tomaten (optional)

2 – 3 Stiele Basilikum

Zarte Blättchen im gemischten Salat vertragen keine
schwere Sauce, Möhren- oder Fenchelstücke brauchen
viel Würze, Rucola nur wenig. Widersprüche, die sich
kaum lösen lassen? Dieses Rezept zeigt, wie es doch geht.

Salat La Fontaine

1 Salat, Basilikum und Gemüse abspülen, eventuell schälen,
Salatblätter und das Basilikum trocken tupfen. Paprika und
Fenchel in Streifen schneiden, Möhre und Sellerie in dünne
Scheiben, ebenso die Frühlingszwiebeln. Die Tomaten
halbieren.

2 Für die Sauce in einer großen Schüssel den Essig mit Sardellenpaste mischen, pfeffern, aber nicht salzen. Eine geschälte
Knoblauchzehe hineindrücken. Die festen Gemüse (Möhre,
Sellerie, Paprika, Fenchel, Frühlingszwiebeln) in die Schüssel
geben und gut mit der Sauce vermengen, bis alles benetzt ist.

3 Dann die Radicchioblätter zerteilen und untermischen. Probieren, eventuell noch 1 EL Essig dazugeben. Zum Schluss die
empfindlichen Blätter, hier Rucola und Basilikum, untermengen. Wenn jedes Blatt benetzt ist, vorsichtig das Öl untermischen, ebenso die halbierten Tomaten.

Für ganz feine Salate nehmen Sie statt Essig sehr wenig kräftigen Rotwein. Selleriestangen entfädeln Sie so: Von innen
anschneiden, in 2 oder 3 Teile brechen, die sichtbar werden-
den Fäden abziehen.

Zutaten für 4 Portionen **Zeit** 20 Min.
Nährwert 95 kcal, 3 g E, 5 g F, 7 g KH, 5 g B

4 Radicchioblätter

50 – 80 g Rucola

2 Stiele Basilikum

½ Paprikaschote

1 kleine Möhre

1 Selleriestange

1 – 2 Blätter von der Fenchelknolle

2 Frühlingszwiebeln

200 g Kirschtomaten

2 – 3 EL Rotweinessig oder dunkler
Balsamico

1 TL Sardellenpaste

Pfeffer

1 große Knoblauchzehe

2 EL Olivenöl

Salatsaucen

Vinaigrettes sind Emulsionen aus Essig, Öl und anderen Zutaten, die zu vielen Salaten passen. Sie halten sich im Kühlschrank einige Tage und mehr, am besten in einer Flasche. Man kann diese Salatsaucen ruhig in größeren Mengen zubereiten.

Die Mixturen bleiben ein paar Stunden homogen, danach trennen sie sich normalerweise wieder. Vor dem Servieren kann man sie einfach kurz aufschütteln. Stabiler wird eine Vinaigrette, wenn man Natron und etwas Wasser beimengt, dann bleibt zusammen, was eigentlich nicht zusammengehört: Essig und Öl. Eine ähnlich emulgierende Wirkung hat Senf.

Beide Zutaten wirken auch auf den Geschmack. Natron mildert Säuren, nimmt also die Spitzen – so ähnlich, wie das sonst beispielsweise eine Prise Zucker tut. Senf steuert Eigengeschmack bei, der französische Dijonsenf speziell mit typischer Schärfe.

Einfache Vinaigrette

2 EL Dijonsenf ● 4 EL Essig ● 1 EL kaltes Wasser ● 10–12 EL Öl nach Wunsch ● 1 Msp. Natron ● Salz, Pfeffer

▶ Zunächst Senf, Essig, Wasser und Öl zusammenmischen. Danach kommen Natron, Salz und Pfeffer dazu. Das geht mit dem Mixstab – oder gleich in einer Flasche, in der Sie das Ganze einfach gründlich schütteln und dann auch aufbewahren.
Diese Vinaigrette passt praktisch immer, je nach Salatsorte auch mit weniger Senf oder Essig.

Zutaten für 250 ml
Nährwert für je 50 ml: 305 kcal, 0,5 g E, 33 g F, 0,5 g KH

Rote Vinaigrette

3 EL Dijonsenf ● 6 EL dunkler Balsamico oder Rotweinessig ● 1 EL Wasser ● 18–20 EL Rapsöl ● 1 Msp. Natron ● Salz, Pfeffer ● 3 kleine Schalotten ● 3 EL geriebene Rote Bete

◄ Basiszubereitung wie bei der einfachen Vinaigrette.
Die Rote Bete vom Wurzelende knapp 2 cm schälen,
das geschälte Ende reiben: Benötigt werden etwa 3 gehäufte EL. Mit den sehr klein geschnittenen Schalotten in die Emulsion rühren.
Die Vinaigrette passt zu allen gemischten Salaten,
auch – farblich interessant – zu Chicorée oder vorsichtig dosiert zu Feldsalat. Der Rest der Bete hält
sich in Folie fest verpackt mehrere Tage im Kühlschrank. Sie können die frische rohe Bete auch grob
geraspelt über einen Endiviensalat mit einer einfachen Vinaigrette geben.

Zutaten für rund 350 ml
Nährwert für 50 ml: 340 kcal, 1 g E, 36 g F, 3 g KH

Grüne Vinaigrette

1 EL Dijonsenf ● 2 EL heller Balsamico oder Weißwein-
essig ● 1 EL Wasser ● 5–6 EL Rapsöl ● 1 Msp. Natron ●
Salz, Pfeffer ● 1 kleine Schalotte (etwa 1 gehäufter EL) ●
2 gehäufte EL Blattgrün vom Stangensellerie ● 1 Knoblauchzehe

▶ Basiszubereitung wie bei der einfachen Vinaigrette.
Dann Schalotte und das sehr fein geschnittene Selle-
riegrün unterrühren, Knoblauchzehe hineinpressen.
Die Vinaigrette passt gut zu grünem Blattsalat oder
Chinakohl, besonders zu einem Salat aus Stangensellerie: Dafür 6 große, zarte Stangen in dünne Ringe
schneiden, 4 Blätter von einer Fenchelknolle quer zur
Faser in Streifen. Mit der Vinaigrette vermischen,
nach Belieben mit Sardellenfilets garnieren.

Zutaten für rund 300 ml
Nährwert für je 50 ml: 170 kcal, 0,5 g E, 18 g F, 1 g KH

Vitaminreiche Zitrusfrüchte zusammen mit Fenchel in einem Salat – leichter und gesünder geht es kaum. Hier geht die weiß-grüne Knolle mit dem anisähnlichen Geschmack eine herbsüße Liaison mit Zitronen und Orangen ein. Oregano intensiviert die mediterrane Note.

Zitrus-Fenchel-Salat mit Oregano

1 Zitrone und Orange mit einem kleinen, scharfen Messer so weit herunterschälen, dass auch die weißen Schalenteile entfernt sind. Dann die Filets einzeln über einer Salatschüssel an dem weißen Häutchen entlang herausschneiden, das jeweilige Filet mit der Messerschneide hinausschieben und mit dem abtropfenden Saft in die Schüssel geben.
2 Die Knoblauchzehe häuten und gepresst in die Salatschüssel zu den Filets geben, ebenso Salz, Pfeffer und eventuell noch etwas Chilipulver.
3 Die Fenchelknolle außen wenn nötig mit dem Sparschäler von trockenen Teilen befreien, dann der Länge nach halbieren, den Strunk teilweise herausschneiden. Die halbe Knolle längs in feine Spalten schneiden oder quer zur Faser in dünne Scheiben. Ebenfalls in die Salatschüssel geben.
4 Alles gut vermischen, einige Minuten durchziehen lassen, dann das Olivenöl unterrühren. Zum Schluss getrockneten Oregano zwischen den Handflächen über den Salat reiben.

Zutaten für 4 Portionen **Zeit** 15 Min.
Nährwert 130 kcal, 2 g E, 8 g F, 9 g KH, 3 g B

1 Zitrone

1 Orange

1 große frische Knoblauchzehe

Salz, Pfeffer, Chilipulver

1 große pralle Fenchelknolle

3 EL Olivenöl

1 – 2 TL getrockneter Oregano

Salat und Spargel am Wegesrand

In der Provence bekommt man jahraus, jahrein der Saison entlang frisches Gemüse, im Winter sogar wilden Salat – und die besten Trüffel.

Im späten Frühjahr sammeln die Dorfjungen in Venasque wilden grünen Spargel, mit seinen dünnen Stangen eher ein Kraut als Gemüse – und delikat mit einem simplen Omelette. Auch Frühlingszwiebeln sind im Süden etwas ganz anderes als unsere schmalen Lauchgewächse: groß und mit runder Knolle. Zum Angebot gehören auch kleine Artischocken, die man im Ganzen isst und auch roh, wenn sie ganz jung sind. Und dann wären da noch die zarten Navets, die weißen Kugeln, die bei uns Mairübchen heißen, sowie der nussige Spitzkohl, der in der Pfanne fast schmilzt.

Im Sommer kommen dann Palbohnen auf den Markt, violette oder auch ganz helle Auberginen, Zucchini in grün und gelb. Ein Leckerbissen sind ihre Blüten: Man kann sie frittieren, füllen – oder einfach geschnitten in eine Frittata geben. Beim Fenchel unterscheidet man Männlein und Weib-

lein, die einen Knollen ziemlich rundlich, die anderen – die weiblichen – eher schmal.

Spätestens im Hochsommer locken Tomaten in allen Größen und Sorten. Selbst dort im Süden haben sie erst dann das volle Aroma. Besonders attraktiv sind die großen Ochsenherzen. Tomaten gibt's nicht nur rot, sondern auch gelb, grün und fast schwarz. Aber egal wie sie aussehen: In den Kühlschrank gehören sie nie, denn dann schmecken sie nicht mehr so gut. Fast ebenso farbig wie die Tomaten sind alte Karottensorten, nicht nur orange, sondern fast rot, violett-schwarz oder beige weiß. Inzwischen findet man sie auch hier.

Im Spätsommer leuchten die Kürbisse in verschiedensten Farben, dann kommen Rüben auf den Markt, von Pastinaken über die einst verpönte Kohlrübe bis zur Rote Bete; und dann natürlich

Pilze. Im Winter fasziniert wild wachsender Salat, eine spezielle Art von Löwenzahn, der seine Blätter zu einer Kugel zusammenklappt, wenn man sie abschneidet.

Und dann ist es neben allem Wintertypischen wie Kohl auch schon Zeit für das Highlight der Saison, die besten Trüffel des Jahres, unendlich aromareich, fast ebenso unendlich teuer. Die Sommer-Trüffeln kosten ein Zehntel, aber sind auch weniger aromatisch – jedoch noch immer richtig gut.

Überhaupt die Salate: Zum Beispiel der in Mitteleuropa in Mode gekommene Rucola, der als Unkraut mit Namen Rauke noch ein Schattendasein fristete, als er in Frankreich als Roquette längst etabliert war. Ähnlich wie die die vielen Chicoree- und Radiccio-Arten schmecken die gezackten Rucolablätter leicht bitter – und das ist gut so,

nämlich extra gesund. Die Bitterstoffe regen unter anderem den Speichelfluss an und die Verdauung, insbesondere die von Fett. Inzwischen wurden sie leider schon vielfach weggezüchtet. Übrigens: Müde gewordene Blätter von Kohl und Salat werden wieder prall, wenn sie (nicht in Stücke geschnitten!) im Wasser baden, bis sie wieder knackig sind. Das kann ein paar Stunden dauern.

Alles typisch Provence, typisch mediterran? Was dort seit Jahrhunderten wächst, kam einst aus vielen Winkeln dieser Welt in den Schmelztiegel der klimatisch günstigen Mittelmeerländer. Ganz frühe mediterrane Zeugnisse gibt es nur für den Dreiklang aus Oliven, Trauben und Getreide. Auberginen zum Beispiel wurden später aus Indien mitgebracht, Reis aus Asien, Tomaten, Kartoffeln und Mais aus Südamerika. Eine frühe Globalisierung, der wir heute die bunte Pracht der Märkte verdanken.

Der Nizza-Salat hierzulande hat mit dem echten mediterranen meist wenig zu tun. Gekochte Bohnen und Kartoffeln zum Beispiel gehören nicht hinein. Leider bekommt man wichtige Zutaten wie ganz junge Artischocken bei uns kaum. Mit etwas Phantasie lässt sich ein Salade Niçoise aber auch so komponieren.

Nizza-Salat

1 Vinaigrette in einer großen Schüssel mit dem Senf mischen und eine Knoblauchzehe hineinpressen. Die Gemüse waschen und putzen. Je nach Sorte Wurzeln, Kerne und Blätter entfernen, den Fenchel ohne Strunk in einzelne Blätter zerteilen. Als Erstes kommen die rohen Zuckerschoten in dünne Streifen geschnitten in die Salatschüssel, dann die Tomaten, je nach Größe halbiert oder geviertelt.

2 Frühlingszwiebeln und Selleriestangen in dünne Ringe schneiden, die Paprikaschote und Fenchelblätter in etwa 2 cm dicke Streifen. Alles mit der Vinaigrette vermengen. Die Salatgurke schräg in Scheiben schneiden und untermischen, zum Schluss die Salatmischung mit den kleinen, möglichst bunt gemischten Blättern untermengen, alternativ Rucola und kleinen Romanasalat in etwa 2 cm breite Streifen geschnitten.

3 Thunfisch abtropfen lassen, Sardellenfilets in Salz abspülen. Den Salat auf Tellern anrichten, den Thunfisch darüberkrümeln, jeweils ein halbiertes Ei, 2 Sardellenfilets und die Oliven darauf verteilen. Die Basilikumblätter abzupfen, größere zerteilen, über den Salat streuen.

Zutaten für 4 Portionen **Zeit** 25 Min.
Nährwert 330 kcal, 24 g E, 26 g F, 9 g KH, 4 g B

120 – 150 ml Vinaigrette (Seite 64)

1 TL Senf

1 Knoblauchzehe

100 g Zuckerschoten

4 mittlere oder 8 kleinere Tomaten

2 Frühlingszwiebeln

2 Selleriestangen

1 grüne Spitzpaprika

½ Fenchel

½ Salatgurke

1 Beutel kleine ganze Salatblätter, bunt gemischt

1 Dose Thunfisch in Öl

8 Sardellenfilets

2 hartgekochte Eier

100 g schwarze weiche Oliven mit Kernen (Nizza-Oliven)

3 Stiele Basilikum

Dieser Salat kommt gewissermaßen direkt aus der Pfanne.
Den besonderen Kontrast bilden die rosa gebratenen Scampi
und der Speck, der noch in der Pfanne mit Salatsauce aromatisiert wird. Statt Scampi geht auch fester Fisch wie Seeteufel.
Mit ein paar Kartoffeln dazu ergibt das eine schnelle Mahlzeit.

Salat mit Scampi und Speck

1 Die Salatblätter – pro Person etwa eine Handvoll – vom Strunk lösen, waschen und trocken schleudern, gegebenenfalls in mittelgroße Stücke zerteilen. Schalotte oder Frühlingszwiebeln in dünne Ringe schneiden, 1 Knoblauchzehe schälen und hacken. Den Speck quer in dünne Scheiben oder schmale Streifen schneiden.

2 Das Brot kurz toasten. Mit einer durchgeschnittenen Knoblauchzehe auf einer Seite einreiben, in kleine Stücke schneiden und mit 1 EL Olivenöl in einer Pfanne langsam knusprig braten, dann beiseitelegen.

3 Die Scampi in 1 EL Olivenöl von allen Seiten etwa 2 Minuten anbraten, in die Salatschüssel geben. In derselben Pfanne Zwiebeln, Knoblauch und Speck anbraten, er soll nicht knusprig werden. Pfanne vom Herd nehmen, Zwiebel-Speck-Mischung mit 1 EL Essig ablöschen. Nun den ganzen Pfanneninhalt– mit Speck, Öl, Zwiebeln, Knoblauch – in die Schüssel zu den Scampi geben, alles mit 2 EL Essig und etwas Pfeffer gut mischen. Erst die festen Salatblätter unterheben, dann feinere wie Rucola. Zum Schluss 2 bis 3 EL Olivenöl unter den Salat geben.

4 Den Salat gleich servieren, vorher aber die Scampi herausfischen und zusammen mit Brotwürfeln auf die Salatportionen legen.

In Frankreich nimmt man meist Frisée als Salat. Andere Sorten gehen auch. Hauptsache, die Salatblätter fallen nicht gleich zusammen und schmecken teilweise leicht bitter. Gut zum Salat sind auch gekochte Eier.

Zutaten für 4 Portionen **Zeit** 25 Min.
Nährwert 350 kcal, 20 g E, 25 g F, 23 g KH, 2 g B

Etwa 200 g gemischte feste Salatblätter wie Radicchio, Salatherzen, Rucola oder Friséesalat

1 kleine Schalotte (oder 1–2 Frühlingszwiebeln)

2 Knoblauchzehen

120 g durchwachsener Räucherspeck

6 Scheiben Toastbrot oder Baguette

4–5 EL Olivenöl

200 g große Scampi

3 EL Rotwein- oder Sherryessig

Pfeffer

Kichererbsensalat mit Rucola

Den Namen sollen die bräunlichen Kugeln vom lateinischen cicer (Erbse) haben. Kichererbsen schmecken nicht nur besonders gut, sie stecken wie alle Hülsenfrüchte voller Eiweiß und Ballaststoffe – kein Wunder, dass sie in Nordafrika oft Grundnahrungsmittel sind.

Zutaten für 4 Portionen **Zeit** 15 Min.
Nährwert 290 kcal, 13 g E, 11 g F, 32 g KH, 12 g B

2 mittlere Schalotten

1 EL weißer Balsamico

2 – 3 EL Olivenöl

1 kleine Dose Kichererbsen, etwa 250 g Einwaage

100 g Rucola

Kirschtomaten (optional)

Salz, Pfeffer

1 Die Schalotten schälen und sehr klein schneiden. Aus Essig, Öl und 1 bis 2 EL Aufgussflüssigkeit von den Kichererbsen, Salz und Pfeffer eine Vinaigrette rühren. Über die Zwiebeln geben und alles etwas stehen lassen, der Essig nimmt den Zwiebeln Schärfe und macht sie bekömmlicher.
2 Inzwischen den Rucola waschen, trocken schleudern. Die Stiele abtrennen und klein schneiden, ähnlich wie Schnittlauch. Mit den abgetropften Kichererbsen zur Vinaigrette geben. Dann erst die Rucola-Blätter vorsichtig untermischen. Nach Wunsch mit halben Kirschtomaten dekorieren.

Getrocknete Kichererbsen über Nacht einweichen und lange kochen. Das schmeckt noch besser. Aber Dosenware ist eine gute Alternative, zudem in Sekunden einsatzbereit. Statt Kichererbsen kann man auch weiße Bohnen nehmen.

Linsensalat mit Senf und Sellerie

Kulinarisch haben Linsen viel zu bieten – und ganz nebenbei sind sie noch sehr gesund. Ideal für diesen Salat: dunkelgrüne Puy-Linsen mit nussigem Aroma, die beim Kochen einen festen Kern behalten.

Zutaten für 4 Portionen **Zeit** 60 Min., 30 aktiv
Nährwert 250 kcal, 18 g E, 9 g F, 24 g KH, 9 g B

200 g Puy-Linsen (oder andere kleine dunkle Linsen)

500 ml Brühe

1 Knoblauchzehe

100 g durchwachsener Räucherspeck

1 Schalotte

2 EL Rotweinessig oder Balsamico

1 EL Dijonsenf, auch körniger

1–2 EL Öl Rapsöl

2 helle Selleriestangen mit Blättern

1 Chicoréestaude

Salz, Pfeffer

1 Linsen mit Brühe und angequetschter Knoblauchzehe aufkochen, bei kleiner Hitze mit Deckel etwa 25 Minuten weich köcheln. Abgießen, auskühlen lassen. Knoblauch herausfischen.
2 Speck in Streifen schneiden. In der Pfanne andünsten, er soll nicht knusprig werden. Die Schalotten schälen, in Ringe schneiden, 2 bis 3 Minuten in derselben Pfanne garen. Essig und Senf gut mit dem Pfanneninhalt vermischen. Alles zu den Linsen geben, das Öl untermischen, mit Salz und Pfeffer abschmecken.
3 Selleriestangen entfädeln, in 5 mm dünne Scheiben schneiden und direkt vor dem Servieren untermengen. Chicoréeblätter abtrennen, waschen, mit den Sellerieblättern zum Linsensalat servieren.

Die echte Ratatouille kommt aus Nizza. Das Gemüse dafür einzeln anzubraten klingt aufwendiger, als es ist. Vor allem aber: Es lohnt sich. Denn so ist der Klassiker auch kalt ein hoch aromatisches Vergnügen. Das Gemüse im Ofen vorzubacken ist einfacher, aber in kulinarischer Hinsicht ein Verlust.

Ratatouille – warm und kalt

1 Die Auberginen in Würfel mit 1 cm Kantenlänge schneiden, rundherum kräftig salzen und etwa 30 Minuten ziehen lassen, bis sie schön viel Flüssigkeit ausschwitzen. Währenddessen die anderen Gemüse bis auf eine Zwiebel ebenfalls in Würfel mit 1 cm Kantenlänge schneiden.
2 Die letzte Zwiebel häuten, sehr klein schneiden und mit 1 EL Olivenöl einige Minuten bei niedriger Hitze glasig andünsten. Die Tomaten halbieren, Stielansätze herausschneiden, mit der Schnittfläche nach unten in die Pfanne setzen, abdecken und auf niedrigster Stufe 15 Minuten leicht schmoren, danach die Tomatenhaut mit einer Pinzette abheben.
3 Die Auberginenwürfel mit Wasser abspülen, abtropfen lassen, in einem Geschirrhandtuch gut auswringen und in einem großen Topf mit 2 EL Olivenöl braten.
4 Parallel in einer Pfanne die Zucchini-, Paprika- und Zwiebelstücke getrennt in je 2 EL Olivenöl bissfest braten, salzen und pfeffern. Ist ein Gemüse fertig, zu den Auberginen in den Topf geben. Zum Schluss die gehäuteten Tomaten mit ihrem Saft in den Topf geben, gut mischen und mit dem Lorbeerblatt und Thymian 15 bis 20 Minuten bei niedriger Hitze köcheln lassen.
5 Zum Schluss die 3 Knoblauchzehen in die nicht mehr kochende Ratatouille pressen. So schmecken sie viel intensiver und frischer. Abschmecken.

Und so geht's mit Vorbacken: Backofen auf 250 °C vorheizen. Tomatensauce vorbereiten, Zucchini, Auberginen und Paprika in Scheiben schneiden, auf ein Backblech legen und mit 1 bis 2 EL Öl einpinseln. Das Gemüse 10 bis 15 Minuten backen, herausnehmen, in Stücke schneiden, zu der Tomatensauce geben und weiter wie oben verfahren.

Zutaten für 6 Portionen **Zeit** 90 Min., 45 aktiv
Nährwert 190 kcal, 3 g E, 13 g F, 8 g KH, 5 g B

300–500 g Auberginen

250–300 g Zucchini

300–400 g Paprikaschoten rot oder grün

250 g mittlere Zwiebeln

7 EL Olivenöl

1 kg Tomaten (oder 1 große Dose geschälte Tomaten)

1 Lorbeerblatt

1 kleiner Bund Thymian (oder 1–2 TL getrockneter)

3 Knoblauchzehen

Salz, Pfeffer

Caponata ist die sizilianische Antwort auf Ratatouille, wird aber meistens kalt serviert. Weitere Unterschiede: süßsauer, oft mit Rosinen und weiteren Gemüsen wie Fenchel. Ein aromatischer Sommermix, ideal im Voraus zuzubereiten und als Vorspeise ebenso gut wie als warme Beilage.

Caponata siciliana an Büffelmozzarella

1 Auberginen in Würfel mit 1 cm Kantenlänge schneiden, gut salzen und 20 bis 30 Minuten stehen lassen. Tomaten halbierern und entkernen. In kleine Stücke schneiden, ebenso die gehäuteten Zwiebeln. Die Kapern abspülen, kurz in heißes Wasser legen, danach gut ausdrücken.

2 Selleriestangen oben und unten abschneiden. Die Stangen mehrfach längs aufschneiden, dann quer in sehr kleine Stücke schneiden. In 2 EL Olivenöl etwa 10 Minuten bei niedriger Hitze anbraten, dabei öfter rühren, eventuell etwas Wasser dazugeben. Die Zwiebeln hinzufügen und noch einmal 10 Minuten weiterbraten, bis alles gar ist. Herausnehmen.

3 Auberginenwürfel abspülen, in einem Geschirrtuch auswringen oder mit Küchenpapier gut ausdrücken, um die Flüssigkeit zu entfernen. Mit 3 EL Öl in einem zweiten, größeren Topf etwa 8 Minuten braten. Sellerie und Zwiebeln dazugeben, ebenso Essig, Zucker, Kapern, Oliven, Tomatenstücke und -mark, zerdrückte Sardellen (oder Sardellenpaste und eventuell Pinienkerne. Etwa 15 Minuten ohne Deckel köcheln lassen, danach abkühlen lassen. Mit Salz und Pfeffer, eventuell noch Essig abschmecken. Pro Person eine halbe Mozzarellakugel aufschneiden, mit der Caponata servieren.

Zutaten für 4 Personen **Zeit** 75 Min., 50 aktiv
Nährwert 350 kcal, 14 g E, 26 g F, 12 g KH, 5 g B

500 g Auberginen

250 g Tomaten

400 g Gemüsezwiebeln

1 EL Kapern

250 g Selleriestangen

5 EL Olivenöl

2–3 EL Essig

1 EL Zucker

6 entkernte grüne Oliven

1 EL Sardellenpaste (Seite 205) oder 4 zerdrückte Sardellenfilets)

1 EL Tomatenmark

1–2 EL Pinienkerne (optional)

2 Kugeln Büffelmozzarella

Salz, Pfeffer

Trüffel schnüffeln –
ein Menü für sechs Genießer

Schön ist sie nicht, die schwarze pockennarbige Knolle – aber
unendlich aromatisch. Nach dem Tuber Melanosporum lecken
sich die Feinschmecker die Finger. Der Edeltrüffel kostet
leicht 2 000 Euro und mehr pro Kilo. Aber mit 50 bis
100 Gramm lässt sich schon viel anfangen und mit
ein paar Tricks sogar ein ganzes Trüffelmenü für sechs Personen kreieren.

Unser fünfgängiges Menü mit dem edlen Wintertrüffel auf der nächsten Doppelseite ist für sechs Personen berechnet. Sie brauchen folgende Zutaten:

100 g frische Trüffel (Tuber Melanosporum)

12 Jakobsmuscheln

1 Kopf Eichblattsalat oder etwas Feldsalat

1 Baguette

17 Eier

100 g Pasta

50 g Speck

50 g Butter

350 g Sahne

dazu Olivenöl, Rapsöl, Zitronensaft, Zucker, Muskat, Salz und Pfeffer

Alternativen für weniger Geld Für Salat und Omelette sind billigere Sorten wie Tuber Brumale akzeptabel, wenn man zusätzlich Trüffelöl mit natürlichen Trüffelaromen untermischt. Getrüffeltes Salz geht auch. Oder: Billigere Trüffel – auch aus dem Glas – hobeln, mit Olivenöl, Salz und eventuell etwas Knoblauch durchziehen lassen. Das hebt die Aromen. Mit Sommertrüffeln (Tuber Aestivum) lässt sich sogar eine exzellente Sauce machen: 50 g Trüffel fein hacken, maximal eine halbe Knoblauchzehe hineinpressen, mit Olivenöl zu einer dick-flüssigen Sauce pürieren, salzen. Das schmeckt als amuse bouche (Vorspeise vor der Vorspeise) auf Toastbrot oder kurzgebratenen Zucchinischeiben.

Einkaufen Kaufen Sie vom Tuber Melanosporum nur feste Knollen, die richtig toll riechen. Je größer, desto besser lassen sie sich lagern.

Aufbewahren Immer in 2 Lagen Küchenpapier eingewickelt, nicht lange ungekühlt und so luftdicht wie möglich. So halten sie sich auch 2 bis 3 Wochen.

Zubereiten Trüffel mit Erde in Wasser legen und sauber bürsten. Immer mit Schale verwenden. Die besten Scheiben macht ein Trüffelhobel, ersatzweise geht ein dünner Sparschäler. Gehackt werden für unser Rezept nur die Scheiben, die nicht groß genug sind, um die Jakobsmuscheln zu bedecken.

Aroma vermehren So wird aus 100 g Edeltrüffeln ein Menü für sechs Genießer: Kartons mit 17 Eiern ohne die obere Hälfte in eine Kunststoffbox setzen, Trüffel auf die Eier legen, alles mit Küchenpapier abdecken, luftdicht abschließen, einige Tage gekühlt aufbewahren. Das Aroma dringt durch die Schalen in die Eier, sie schmecken intensiv trüffelig. Wenn Sie sich nur 20 g Edeltrüffel für die Omelette leisten wollen: Klein geschnitten und gesalzen mit einigen aufgeschlagenen Eiern über Nacht im Kühlschrank ziehen lassen.

Getrüffelte Jakobsmuscheln

▶ 12 Jakobsmuscheln horizontal in 2 Teile aufschneiden. Eine flache feuerfeste Schale – zum Beispiel eine Tarteform – mit etwa ½ EL Öl auspinseln, Die Hälfte der Muschelscheiben hineinlegen, mit einer hauchdünnen Trüffelscheibe belegen, die anderen Muschelscheiben daraufsetzen, dann je ½ EL Öl über die Muscheln pinseln und gehackte Trüffel obendrauf geben. Mit Alufolie abdecken. Wenn die Gäste kommen, 5 bis 10 Minuten in den auf 180 °C vorgeheizten Ofen geben. Danach erst salzen.

Salat mit Trüffelsauce

◀ Etwa 20 g Trüffel in eine Salatschüssel reiben, salzen. Mit 4 EL geschmacksneutralem Rapsöl mischen. Stehen lassen, die Salatsauce soll mindestens 30 Minuten durchziehen. Pro Person eine kleine Handvoll milden Salat – wie Eichblatt- oder Feldsalat – waschen und vorsichtig trocken schleudern, gegebenenfalls in grobe Stücke pflücken. Die Blätter in einer Schüssel mit 1 TL Zitronensaft vermischen, dann das getrüffelte Öl dazugeben, erneut mischen. Mit etwas Baguette zu den Jakobsmuscheln servieren.

Trüffelomelette

◄ 12 Eier und die drei beim Parfait übrig bleibenden Eiweiß, die einige Tage Trüffelaroma eingesogen haben, mit Salz leicht aufschlagen, 20 g gehackte Trüffel daruntermischen. Eine große Pfanne mit 1 bis 2 EL Öl erhitzen, die ganze geschlagene Eimasse auf einmal hineingeben. Bei mittlerer Hitze anbraten, bis sie zu stocken beginnt. Fest gewordenes Ei mit der Gabel etwas beiseiteschieben, sodass flüssiges darunterfließt. Eine Seite des Omeletts über die andere klappen, den Herd ausschalten, noch einige Minuten weiter garen lassen. Dann auf einer Platte in dicke Scheiben schneiden und servieren.

Pasta mit Trüffeln

▶ 40 g Pasta pro Person in einem großen Topf mit 1 EL Salz bissfest kochen, abtropfen lassen. Inzwischen 50 g sehr kleine Speckwürfel langam in 50 g Butter etwas andünsten, für die Sauce 20 g gehackte Trüffel untermischen, von der Herdplatte ziehen. Mit der Pasta vermengen und 2 flüssig gerührte Eier mit Trüffelaroma untermischen, dazu 50 g Sahne und etwas Muskat. Abschmecken mit Salz und frisch gemahlenem Pfeffer.

Trüffelparfait

◄ 3 Eigelb von den Trüffeleiern (das Eiweiß für das Omelette aufheben) mit 80 g Zucker und 10 ml Armagnac hellgelb-schaumig schlagen, 300 g Sahne steif schlagen, mit dem Eigelbmix und 20 g gehackten Trüffeln mischen, mindestens 3 Stunden in den Gefrierschrank stellen. Dazu passt Rotweinsirup mit Birnen, ebenso Weißweinsirup pur oder mit Pfirsichen.

Klassischer Gemüsetian

Seinen Namen hat dieses bodenständige Gericht von der provencalischen Auflaufform Tian. Darin wird alles, was der Markt gerade so hergibt, mit Olivenöl, Knoblauch und Kräutern geschmort. Das Rezept lässt sich mit anderem Gemüse nach Lust und Laune erweitern.

Zutaten für 4 Portionen **Zeit** 90 Min., 30 aktiv
Nährwert 215 kcal, 8 g E, 15 g F, 10 g KH, 7 g B

1 Gemüsezwiebel, etwa 200 g

3 Knoblauchzehen

400 g Auberginen

400 g Zucchini

1 Paprikaschote, etwa 200 g

1 Bund gemischte Kräuter der Provence (oder 3 TL getrocknete)

3–4 EL Olivenöl

400 g reife (Flaschen-)Tomaten

50 g Parmesan

Salz, Pfeffer

1 Den Ofen auf 200 °C (Ober-/Unterhitze) vorheizen. Zwiebel und Knoblauch häuten, in sehr feine Scheiben schneiden, Auberginen und Zucchini in etwa 1 cm breite. Paprikaschote entkernen, in Streifen schneiden. Blätter von den Kräuterstielen zupfen.
2 Eine Auflaufform (etwa 25 cm x 25 cm) mit 1 TL Öl auspinseln, dicht mit den Zwiebelscheiben belegen, salzen und pfeffern. Darauf eine Lage Auberginen geben, einen Teil der Kräuter und etwas Knoblauch, salzen, pfeffern und 1 EL Öl darüberträufeln. Das Ganze mit den Zucchinischeiben und zum Schluss mit Tomaten in Scheiben wiederholen, jede Lage wie die Auberginen würzen.
3 Alufolie darüberlegen, ein paar Löcher hineinstechen, etwa 50 Minuten backen. Die Folie abnehmen, mit geriebenem Parmesan bestreuen und weitere 10 Minuten backen.

Kleines Auberginengratin

Auberginen entwickeln ihren Geschmack vor allem zusammen mit Fett. Dieses schnelle Gericht ist dennoch relativ leicht, und während es im Herd schmurgelt, entsteht vor allem dank kräftiger Würze ein unwiderstehliches Aroma.

Zutaten für 4 Portionen **Zeit** 90 Min., 25 aktiv
Nährwert 220 kcal, 6 g E,18 g F, 8 g KH, 6 g B

3 EL Olivenöl

750 g Auberginen

200 g Tomaten (gewürfelt)

1 große Knoblauchzehe

2 TL getrockneter Oregano

75 g Sahne

20 g geriebenen Parmesan

Salz, Pfeffer

1 Den Backofen auf 180 °C (Ober-/Unterhitze) vorheizen. Die Gratinform (etwa 25 cm x 25 cm) mit 1 TL Olivenöl auspinseln. Die Auberginen in Scheiben schneiden (etwa 1 cm dick), den Boden damit dicht an dicht auslegen, kräftig salzen und pfeffern. Dann die Tomaten darübergeben, salzen, in Scheiben geschnittenen Knoblauch und den Oregano darauf verteilen.
2 Für die nächsten beiden Schichten die restlichen Auberginen ziegelförmig auslegen, jeweils mit Öl bestreichen, getrocknete Kräuter darübergeben, kräftig salzen und pfeffern. Zum Schluss die Sahne mit einem Löffel über dem Gratin verteilen, dazu noch den Parmesan.
3 60 Minuten backen, nach 30 bis 45 Minuten eventuell abdecken, damit das Gratin nicht zu dunkel wird.

Wirsing mit Tomate und Kräutern

750 g Wirsing ● 2 Schalotten ● 1 EL Olivenöl ● 1 Msp. Natron (Backsoda) ● 200 g gestückelte Tomaten (roh oder Dose) ● 1 – 2 TL getrocknete Kräuter ● Salz, Pfeffer

▶ Wirsing waschen, grobe äußere Blätter und Strunk entfernen. In feine Streifen schneiden, mit den gewürfelten Schalotten in je 1 EL Öl und Wasser sowie dem Natron abgedeckt bei kleiner Hitze etwa 5 Minuten andünsten. Salzen, pfeffern, mit Kräutern und Tomaten noch etwa 5 Minuten garen.
Natron lässt den Wirsing schön grün bleiben. Er schmeckt auch gut mit etwas Speck (durchwachsen, nicht geräuchert), gewürfelten Zwiebeln, 2 Möhren in dünnen Scheiben und Bohnenkraut. Mit Kartoffeln ergibt das schon ein ganzes Gericht.

Zutaten für 4 Portionen **Zeit** 15 Min.
Nährwert 90 kcal, 1 g E, 4 g F, 9 g KH, 6 g B

Fenchel mit Kräutern

2 Fenchelknollen ● 2 EL Olivenöl ● 1 EL Kräuter der Provence ● Pfeffer, Salz

◀ Wurzelansatz und Fenchelgrün von den Knollen abschneiden. Die Knollen erst halbieren, vierteln, den Strunk nur teilweise herausschneiden, der Fenchel soll nicht auseinanderfallen. Die Viertel in sehr schmale Spalten schneiden. In 2 EL Öl mit den Kräutern kurz anschmoren, salzen, mit 4 bis 6 EL Wasser abgedeckt bei niedriger Hitze 7 bis 8 Minuten bissfest dünsten oder 10 Minuten sehr weich.
Statt Wasser den französischen Wermut Noilly Prat oder – leicht säuerlich – Weißwein nehmen. Passt mit dem Wein besonders zu Fisch und sonst zu allem, was mit Tomate geschmort wurde.

Zutaten für 4 Portionen **Zeit** 15 Min.
Nährwert 90 kcal, 2 g E, 8 g F, 4 g KH, 2,5 g B

Bunter Mangold
mit schwarzen Oliven

750 g Mangold (1 mittlere Staude) • 2 EL Öl • 1–2 EL
Tomatenmark • 1 mittlere Zwiebel • 50 g schwarze
entkernte Oliven • Salz, Pfeffer

▶ Stielansatz des Mangolds abschneiden, gründlich
waschen. Stiele und Blätter trennen, beides quer in
3 bis 4 cm breite Streifen schneiden. Stiele mit 1 EL Öl
und 2 bis 3 EL Wasser 7 Minuten (oder mehr) bissfest
dünsten, Tomatenmark unterrühren, salzen, herausnehmen. Zwiebel würfeln, in derselben Pfanne mit
den Blättern in 1 EL Öl andünsten, mit etwas Wasser
und den Oliven etwa 5 Minuten mit Deckel köcheln.
Beide Zubereitungen mischen, erneut köcheln, bis
die Flüssigkeit verdampft ist.

Zutaten für 4 Portionen **Zeit** 20 Min.
Nährwert 140 kcal, 6 g E, 10 g F, 5 g KH, 6 g B

Püree von Orangenmöhren

750 g Möhren • 1–2 EL Butter • 100–120 ml Orangensaft • 1 Bund Schnittlauch (oder Thymian, Petersilie) •
Salz, Pfeffer

◀ Möhren schälen, in feine Scheiben schneiden. 1 EL
Butter in einem kleinen Topf schmelzen, Möhren und
2 EL Wasser dazugeben, salzen und bei geschlossenem
Deckel und niedriger Hitze 7 bis 10 Minuten garen: Die
Möhren sollen sehr weich sein. Die Flüssigkeit gut abdampfen lassen, pürieren, dabei vorsichtig nach und
nach Orangensaft zugeben, ohne dass das Püree flüssig
wird – es soll sich später keine Flüssigkeit absetzen.
Gehackte Kräuter untermischen, nach Wunsch noch
1 EL Butter, kräftig salzen und pfeffern.

Zutaten für 4 Portionen **Zeit** 20 Min.
Nährwert 120 kcal, 2 g E, 7 g F, 34 g KH, 7 g B

Rote Bete karamellisiert

500 g Rote-Bete-Knollen roh oder vorgekocht ●
1 EL Butter ● 1 EL Zucker ● 1 EL dunkler Balsamico ●
Salz

▶ Rohe Knollen ungeschält in Wasser etwa 45 Minuten garen. Schälen und trocken tupfen, in 1 cm dicke
Scheiben schneiden, alternativ in grobe Würfel. In einer Pfanne die Butter erhitzen, Zucker und Balsamico
dazugeben. Mit dem Gemüse so lange köcheln, bis es
leicht karamellisiert. Abschmecken.
Frisch gegarte Rote Bete schmecken am besten und
kleinere Knollen meist weniger erdig als große. Vor-
gegartes Gemüse ist aber ein guter Ersatz, der sich
auch lange im Kühlschrank hält.

Zutaten für 4 Portionen **Zeit** 10 Min. (ohne Garen)
Nährwert 100 kcal, 2 g E, 4 g F, 13 g KH, 3 g B

Spargel gedämpft

1–2 kg Spargel, weiß oder grün ● für weißen Spargel:
4–5 EL Butter und 80 g roher Schinken; für grünen
Spargel: 4–5 EL Olivenöl und 50 g Parmesan ● Salz

◀ Weißen Spargel ganz schälen, grünen im unteren
Drittel. Harte Enden kappen. Bei sehr dicken Stangen
das untere Stück längs halbieren. Wasser in einem
großen Topf bis zum Dämpfeinsatz einfüllen, aufkochen, Hitze so weit herunterschalten, dass es mit Deckel weiter kocht. Spargel einfüllen, 10 bis 15 Minuten
dämpfen, zwischendurch mit der Gabel am dicken
Ende den Garzustand prüfen. Salzen. Weißen Spargel
mit zerlassener Butter und gewürfeltem Schinken
servieren, grünen mit Olivenöl und Parmesanspänen.
Dämpfen dauert nicht länger als Kochen, schont die
Vitamine und das Gemüse. Ideal auch für Brokkoli,
grüne Bohnen, Blumenkohl, Lauch.

Zutaten für 4 Portionen **Zeit** 15–25 Min.
Nährwert (Spargel weiß) 235 kcal, 4 g E, 21 g F, 7 g KH, 7 g B

Geschmorter Blumenkohl

1 mittlerer Blumenkohl • 2 EL Olivenöl • 1 EL Butter •
1 EL Fenchelsamen (oder 1 Beutel Fencheltee) •
1 EL Zitronensaft • Salz • Pfeffer

▶ Grüne Blätter vom Blumenkohl entfernen, den
Kopf halbieren, Strunk nur teilweise herausschneiden, damit nicht alles auseinanderfällt. Den Kohl von
der Mitte her in etwa 3 cm dicke Scheiben schneiden
– pro Person eine. Die Scheiben in einer großen Pfanne in je 1 EL Olivenöl und Butter etwa 2 Minuten
leicht anbräunen. Salzen, die Hälfte des Fenchelsamens
darüberstreuen, wenden, 5 EL Wasser dazugeben und
mit Deckel auf niedrigster Stufe noch etwa 5 Minuten
garen. Zitronensaft und 1 EL Öl mischen, mit dem
übrigen Fenchelsamen über das Gemüse geben.
Passt vor allem zu Fleisch, besonders zu allem Geschmortem.

Zutaten für 4 Portionen **Zeit** 15 Min.
Nährwert 130 kcal, 4 g E, 11 F, 4 g KH, 5 g B

Rosenkohl aus der Pfanne

500 g Rosenkohl • 1 – 2 EL Butter • 1 Msp. Natron (optional) • Salz, Pfeffer, Muskatnuss

◀ Vom Rosenkohl welke Blätter entfernen, Ende kappen, halbieren, mit der Butter und 1 bis 2 EL Wasser
und eventuell 1 Msp. Natron in die Pfanne geben (damit der Rosenkohl schön grün bleibt). Abgedeckt
höchstens 10 Minuten dünsten, abschmecken (Salz,
Pfeffer, Muskatnuss). Auch gut: fein geschnittener
durchwachsener Speck, dann nur 1 EL Butter.
Für bissfestes Gemüse Kochzeit reduzieren. Ohne
Natron geht's auch, der Kohl wird nur etwas dunkler.

Zutaten für 4 Portionen **Zeit** 15 Min.
Nährwert 80 kcal, 5 g E, 4 g F, 4 g KH, 5 g B

Gerade in Norditalien liebt man Pilzgratins. Steinpilze sind ideal dafür, aber selten und teuer. Gut, dass es sie auch getrocknet gibt. Mit ihrem intensiven Aroma kann man simple Champignons veredeln. Das Gratin schmeckt auch mit Pfifferlingen – oder solo nur mit Kartoffeln.

Kartoffelgratin mit Pilzen

1 Steinpilze in 400 ml Wasser 20 Minuten zugedeckt köcheln lassen. Die Pilze klein schneiden. Wasser filtern (Filtertüte/Geschirrtuch), köchelnd auf 150 ml reduzieren. Sahne dazugeben.
2 Champignons in dünne Scheiben schneiden, die Zwiebel grob hacken. Bei größeren Champignons Stiele abtrennen, klein schneiden, mit dem Stabmixer samt der gehackten Zwiebel ganz fein hacken – das gibt mehr Geschmack. Champignons und Zwiebel mit den Steinpilzen in je 1 EL Olivenöl und Butter zugedeckt bei niedriger Hitze 15 Minuten weiterdünsten.
3 Ofen auf 180 °C (Ober-/Unterhitze) vorheizen. Kartoffeln schälen und – am besten mit einem Hobel – in sehr dünne Scheiben schneiden, nicht dicker als 3 mm. Sonst geben sie nicht genug Stärke ab, das Gratin rutscht auseinander. Die Kartoffeln mit dem Sahne-Pilzwasser in einem Topf erhitzen, salzen und pfeffern, zugedeckt 15 Minuten köcheln lassen.
4 Eine Auflaufform – etwa 20 cm x 30 cm – mit Öl auspinseln. Zwei Drittel der Kartoffelscheiben darin verteilen, dann die Pilze, darüber die restlichen Kartoffeln. 10 Minuten mit Deckel oder Alufolie backen, dann 10 Minuten ohne. Eventuell mit Butterflocken darüber noch etwas mehr bräunen.

Sie können das Gratin auch gleich in den Backofen geben. Dann braucht es 80 bis 90 Minuten und sollte länger mit Alufolie zugedeckt sein. Mit Pfifferlingen: Die Pilze anbraten und einfach mit gehackter Petersilie unter die Kartoffeln mischen.

Braune Champignons sind aromatischer als weiße und halten länger. Nicht mehr ganz pralle haben mehr Aroma und eignen sich fein geschnitten gut zum Braten.

Zutaten für 4 Portionen **Zeit** 30 Min. + 35 Min.
Nährwert 330 kcal, 7 g E, 17 g F, 32 g KH, 6 g B

30 g getrocknete Steinpilze

150 g Sahne

250 g Champignons, am besten braun

1 kleine Zwiebel

1 EL Olivenöl

1 EL Butter

1 kg Kartoffeln

Salz, Pfeffer

Gedämpfte Kartoffeln

750 g Kartoffeln, vorwiegend festkochend ● Salz

▶ Die Kartoffeln schälen, größere Exemplare halbieren, eventuell sogar vierteln. Wasser in einen Topf mit Dämpfeinsatz geben, sodass es den Einsatz gerade erreicht. Kartoffeln hineingeben und bei geschlossenem Deckel einmal kurz hocherhitzen, dann auf niedriger Stufe mit Deckel etwa 20 Minuten dämpfen. Salzen und servieren.

Das ist die schnellste Methode, geschälte Kartoffeln zu garen – und die beste, denn weder Geschmacks- noch Inhaltsstoffe können ins Wasser abwandern

Zutaten für 4 Portionen **Zeit** 30 Min.
Nährwert 100 kcal, 3 g E, 22 g KH, 3 g B

Zitronenkartoffeln vom Blech

750 g Kartoffeln, vorwiegend festkochend ● 2 – 3 EL Olivenöl ● 1 EL getrockneter Oregano ● 1 unbehandelte Zitrone ● 2 Knoblauchzehen ● Salz, Pfeffer

◀ Ofen auf 200 °C (Ober-/Unterhitze) vorheizen. Kartoffeln gründlich nass abbürsten, ungeschält der Länge nach vierteln oder achteln. In einer Schüssel mit dem Öl, Oregano und – wenn möglich grobem — Salz gründlich mischen. Auf einem Backblech im Ofen backen, nach 15 Minuten wenden. Zitrone grob abreiben, eine Hälfte auspressen. Saft und Abrieb mischen, die Knoblauchzehen hineinpressen. Nach insgesamt 25 Minuten die Mixtur über die Kartoffeln verteilen, alles vermengen, 5 bis 10 Minuten knusprig backen. Diese Art Ofenkartoffel geht schnell, ist äußerst aromatisch und klappt auch mit Rosmarin oder einer provenzalischen Kräutermischung.

Zutaten für 4 Portionen **Zeit** 30 Min., 15 aktiv
Nährwert 230 kcal, 4 g E, 11 g F, 28 g KH, 4 g B

Rohe Bratkartoffeln

800 g Kartoffeln, vorwiegend festkochend • 1 EL Olivenöl • 2 kleine Schalotten • Kräuter • Salz, Pfeffer

▶ Kartoffeln schälen, halbieren und in mundgerechte Stücke schneiden (Würfel, Spalten, Stäbchen). Mit 1 EL Öl in einer großen Pfanne kurz anbraten, 2 EL Wasser dazugeben und bei niedriger Hitze mit Deckel etwa 5 Minuten garen. Schalotten schälen, würfeln, zu den Kartoffeln geben, salzen und noch etwa 10 Minuten mitgaren lassen. Eventuell etwas Wasser dazugeben. Abschmecken, nach Belieben frische Kräuter darübergeben oder – besonders gut – das orientalische Gewürz Zahatar (Seite 205).
Bratkartoffeln roh mit wenig Fett zu braten, ist einfach und geht schnell. Wichtig: Den Deckel möglichst lange darauf lassen.

Zutaten für 4 Portionen **Zeit** 25 Min.
Nährwert 175 kcal, 6 g E, 5 g F, 25 g KH, 3 g B

Kartoffelstampf

1 kg Kartoffeln, eher mehlig kochend • 250 ml Milch • 1 EL Butter • Salz, Muskat

◀ Kartoffeln mit Schale 20 bis 25 Minuten kochen, mit einem spitzen Messer Garzustand prüfen. Das Wasser abgießen, die Kartoffeln pellen. Achtung: nicht auskühlen lassen. Noch heiß nach Wunsch gröber oder fein zerstampfen. 250 ml erhitzte Milch, Salz, etwas geriebenen Muskat und 1 EL Butter darunterrühren. Varianten: Etwas Sahne dazugeben, gehackte Kräuter wie Petersilie untermischen, Knoblauch reinpressen. Ganz mediterran: Nur mit etwas Kochwasser grob zerstampfen, Salz und 2 bis 3 EL Olivenöl daruntermischen, nach Wunsch 1 bis 2 EL hellen Balsamico darübergeben.
Hier kochen die Kartoffeln in der Schale, das hält die Geschmacksstoffe beisammen und die Knollen bleiben trockener – gut für Stampf und Püree.

Zutaten für 4 Portionen **Zeit** 40 Min., 15 aktiv
Nährwert 200 kcal, 6 g E, 5 g F, 35 g KH, 4 g B

Pasta, Risotto und Co.

Scharfe Zitronenspaghetti mit Minze

Pasta mit Zitrone und Minze ist eine äußerst erfrischende Kombination, als Vorspeise oder Beilage genauso wie als Hauptgericht. Machen Sie ruhig etwas mehr davon. Denn kalt als Salat sind diese Spaghetti genauso wunderbar wie warm aus der Pfanne.

Zutaten für 4 Portionen **Zeit** 20 Min.
Nährwert 550 kcal, 14 g E, 20 g F, 79 g KH, 4 g B

1 – 2 unbehandelte Zitronen

5 – 7 Stiele Minze, nach Wunsch mehr

4 Knoblauchzehen

3 – 4 EL Olivenöl

½ – 1 TL Chiliflocken (oder etwas Cayennepfeffer)

400 g Spaghetti oder Spaghettini

Salz

1 Gut 4 Liter Wasser für die Spaghetti aufsetzen, wenn es kocht 1 EL Salz dazugeben und die Spaghetti bissfest garen,

2 Währenddessen eine Zitrone abreiben beziehungsweise dünn schälen (Sparschäler) und in schmale, kurze Streifen (Zesten) schneiden. Die Früchte halbieren und ausdrücken. Minze waschen, trocken schütteln, die Blätter grob hacken.

3 Gehackte Knoblauchzehen im Öl etwa 30 Sekunden ohne Bräunen andünsten. Zitronensaft und -schale dazugeben, aufkochen, mit Chiliflocken würzen. Die Sauce soll beim Abschmecken richtig scharf sein. Pfanne vom Herd ziehen.

4 Die Spaghetti abgießen und sofort in der Pfanne mit der Zitronensauce mischen, die gehackte Minze zugeben und mit Salz, Zitrone und eventuell mehr Chili abschmecken.

Gnocchi mit Salbei und Knoblauch

Wenn schon, denn schon: Damit die Gnocchi intensiv nach Salbei schmecken, ziehen Kräuter und Knoblauch zunächst in der Butter-Olivenöl-Mischung, dort konzentrieren sich dann die Aromen.

Zutaten für 4 Portionen   **Zeit** 20 Min.
Nährwert 345 kcal, 7 g E, 15 g F, 44 g KH, 2 g B

20 frische Salbeiblätter (oder 4 TL getrocknete)

3–4 Knoblauchzehen, möglichst frisch

2 EL Butter

2 EL Olivenöl

500 g Gnocchi (Kühlregal)

Parmesan, gerieben

Salz, Pfeffer

1 Frische Salbeiblätter in Streifen schneiden. Die Knoblauchzehen häuten und in Scheiben schneiden. Butter und Olivenöl in einer Pfanne kurz erhitzen, Salbei und Knoblauch hineingeben, getrockneten Salbei mit den Händen hineinreiben. Ohne Hitzezufuhr etwa 10 Minuten ziehen lassen.
2 Die Mischung wieder erhitzen, dabei 3 EL Wasser darunter rühren. Die Gnocchi direkt aus der Packung in die Pfanne geben (ohne Vorkochen), alles unter ständigem Rühren 3 bis 4 Minuten bei mäßiger Hitze durchmischen, dabei auch leicht salzen. Eventuell noch 1 EL Wasser dazugeben. Wenn Knoblauch oder Gnocchi zu bräunen beginnen, die Pfanne vom Herd ziehen. Sofort mit frisch gemahlenem Pfeffer und Parmesan servieren.

Selbstgemachte Gnocchi oder jede Pasta müssen Sie für dieses Gericht vorkochen. Geben Sie dann 4 EL vom Kochwasser in die Salbeibutter.

Was hierzulande Bolognese heißt, ist meist weit entfernt von dem echten Ragù aus Bologna. Viel Gemüse gehört dazu, auch Wein und Sahne, aber nur wenig Tomate. Oft ist zu lesen, die Sauce müsste stundenlang kochen, damit sie schmeckt. Da sind wir anderer Meinung und dieses Ragù ist der Beweis.

Tagliatelle alla Bolognese

1 Pancetta fein hacken, ebenso die gehäutete Zwiebel, die Möhre und die Selleriestangen. Am einfachsten zerkleinert man das grob gehackte Gemüse kurz etwas im Mixer, ohne es zu pürieren. Alles in der Butter etwa 15 Minuten unter ständigem Rühren bei niedriger Hitze anbraten, dabei leicht salzen.

2 Die Gemüse-Speck-Mischung aus dem Topf nehmen, danach darin das Hackfleisch feinkrümelig braten, je nach Fettanteil mit 1 bis 2 EL Olivenöl. Den Wein zugeben, aufkochen und verdunsten lassen. Den Speck-Gemüse-Mix zum Hackfleisch in den Topf geben, mit Brühe und Tomatenmark zugedeckt 45 Minuten köcheln lassen. Zum Schluss Sahne oder Milch dazugeben, mit Muskat, Pfeffer und Salz abschmecken.

3 Inzwischen 4 bis 5 Liter Wasser aufkochen, die Nudeln mit 1 EL Salz al dente kochen. Abgießen, etwas Kochwasser zurückbehalten, um damit die Bolognese verflüssigen zu können. Die Sauce hält sich einige Tage im Kühlschrank, einfrieren ist aber besser.

Für Bolognese gibt es seit 1982 sogar ein offizielles Rezept der Academia Italiana della Cucina. Originalrezept hin, Accademia her – es gibt akzeptierte Abweichungen. Zum Beispiel ein Drittel Schweine- statt Kalbfleisch, das macht die Sauce etwas herzhafter. Auch möglich: Hühnerleber oder Pilze dazu.

Bolognese auf Vorrat einzufrieren lohnt sich zum Beispiel für Lasagne (dafür den Gemüseanteil verdoppeln oder sogar verdreifachen), als Füllung für Gemüse (wie Zwiebeln oder Zucchini) und als Grundlage für ein Ragù mit Pilzen – einfach 20 g getrocknete Steinpilze quellen lassen und dazugeben.

Zutaten für 4–6 Portionen **Zeit**: 40 Min.
Nährwert 810 kcal, 32 g E, 30 g F, 98 g KH, 6 g B

100 g Pancetta (oder durchwachsener Räucherspeck)

1 große Zwiebel

1 große Möhre

2 große Stangen Staudensellerie

2 EL Butter

200 g mageres Rinderhack

100 g mageres Schweinehack

1–2 EL Olivenöl

200 ml trockener Weißwein

500 ml Brühe (Rind)

2 EL Tomatenmark

3 EL Sahne oder Milch

500 g Tagliatelle

Salz, Pfeffer, Muskat (gerieben)

Am besten schmeckt Pasta fresca fast pur, nur mit Butter und
Parmesan. Nudeln selbst herzustellen ist nicht kompliziert,
man braucht aber Geduld – und eine Nudelmaschine. Die Pappardelle werden am Ende allerdings von Hand geschnitten.

Pappardelle hausgemacht

1 Die aufgeschlagenen Eier abwiegen: Das Gewicht mit dem
Faktor 2,15 multipliziert ergibt die benötigte Menge Grieß (für
200 g Ei: 430 g Grieß). Grieß, Eier und Öl mit dem Knethaken
2 bis 3 Minuten gut vermengen. Der Teig soll fest und fast brö-
selig sein, aber gerade noch knetbar. Eventuell teelöffelweise
Wasser oder etwas Grieß untermischen. Kein Salz dazugeben!
Zum Schluss den Teig mit der Hand durchkneten, zu einer dicken Rolle formen, teilen, eine Hälfte in Folie wickeln.
2 Die andere Hälfte des Teiges mit dem Nudelholz etwas ausrollen, dann mit der Nudelmaschine durchkneten. Dazu erst
durch die größte, dann die beiden nächst kleineren Walzstufen
der Maschine geben. Gleich danach die gehackten, trockenen
Petersilienblätter darüber streuen, sie verteilen sich dann beim
wiederholten Walzen: Die Teigenden zur Mitte hin falten, dass
das Teigpaket um 90 Grad gedreht wieder in die größte Maschi-
nenöffnung passt. Erneut durch die drei Stufen geben, solange
wiederholen, bis man keine Körnung mehr sieht und der Teig
ähnlich fest wie Marzipan ist. Das können auch 8 bis 10 Durch-
gänge sein. Dann den Teig stufenweise ganz dünn walzen.
3 Die Arbeitsfläche mit Grieß bestreuen, das Teigblatt draufle-
gen, ebenfalls bestreuen und aufrollen. In etwa 2 cm breite
Streifen (Pappardelle) schneiden, gerne auch breiter. Mit Grieß
bestreut in eine Schüssel geben und schwenken. Die zweite
Teighälfte ebenso verarbeiten. Mit Frischhaltefolie bedeckt und
gekühlt hält sich die geschnittene Pasta mehrere Stunden.
4 4 bis 5 Liter Wasser aufkochen, 1 EL Salz dazufügen, die Pasta
bissfest kochen (etwa 4 Minuten), abgießen, abtropfen lassen.
Dazu gibt es geschmolzene Butter und geriebenen Parmesan.

Zutaten für 4 Portionen **Zeit** 45 Min.
Nährwert 580 kcal, 20 g E, 23 g F, 74 g KH, 8 g B

4 Eier Größe M

ca. 430 g sehr feiner Hartweizengrieß,
möglichst N. 176

1 EL Olivenöl (je nach Ei- und Grieß-
menge mehr oder weniger)

1 Bund Petersilie

60 g Butter

60 g Parmesan

Pasta mit Tomatensauce ist der italienische Klassiker schlechthin.
Das Problem bei Pasta mit rohen Tomaten für Nordeuropäer:
Die Pomodori müssen mit dem ganzen Aroma des Südens schön
reif und fest sein. Das ist nur kurze Zeit im Sommer so. Für die
anderen Monate haben wir auch ein paar Tipps.

Pasta mit roher Tomatensauce

1 Zunächst 4 bis 5 Liter Wasser für die Nudeln aufsetzen. Wenn
das Wasser kocht die Pasta mit 1 EL Salz hineingeben, anfangs
kurz umrühren, damit nichts zusammenklebt. Bissfest kochen.
2 Währenddessen Tomaten waschen, halbieren und die Stielansätze herausschneiden. Dann mit einem kleinen scharf-
kantigen Löffel die Kerne herausholen. Die Schalotten schälen
und klein schneiden. Basilikum waschen, trocken schütteln,
die Blätter grob hacken.
3 Das Tomatenfleisch in kleine Stücke (etwa 1 cm x 1 cm)
schneiden. Mit dem Olivenöl und den Schalotten in eine große
Schüssel geben. Die gehäutete Knoblauchzehe hineinpressen.
4 Die fertig gekochte Pasta abgießen, etwas Kochwasser zurückbehalten. Die Pasta in die Schüssel zu dem Tomatenmix geben,
alles gründlich mischen, eventuell etwas Kochwasser dazugeben. Das Basilikum und den geriebenem Parmesan untermengen, kräftig pfeffern und mit Salz abschmecken.

Eine gekochte frische Tomatensauce finden Sie auf Seite 203.
Dazu passen dann reichlich frische Kräuter (etwa 1 Bund)
wie Petersilie, Oregano, Thymian oder 1 TL getrocknete
provenzalische Kräuter. Statt der Kräuter kann man auch ein
Kräuterpesto aus dem Vorrat nehmen. Darüber kommt
50 g gehobelter Parmesan.

Für Pasta mit einer Rotwein-Tomatenmark-Sauce nehmen
Sie das Rezept von Seite 203, lassen Sie mit 1 TL Kräuter der
Provence köcheln, rühren die Sauce mit etwas Brühe flüssi-
ger und geben zum Schluss noch etwas Butter dazu.

Zutaten für 4 Portionen **Zeit** 15 Min.
Nährwert 640 kcal, 22 g E, 6 g F, 100 g KH, 7 g B

750 g Tomaten, nicht zu groß

3 Schalotten

10–15 Stiele Basilikum

3 EL Olivenöl

1 Knoblauchzehe

500 g Pasta wie Farfalle, Fettucine,
Linguine

50 g geriebener Parmesan

Salz, Pfeffer

Nudeln mit rohem Lachs und Fenchel

Lachs aus der Gefriertruhe ist für dieses Rezept ideal: Noch leicht gefroren lässt er sich sehr leicht schneiden. Dazu sollte er am besten etwa 15 Minuten antauen. Frischen Lachs kann man kurz ins Gefrierfach legen.

Zutaten für 4 Portionen **Zeit** 20 Min.
Nährwert 575 kcal, 26 g E, 17 g F, 78 g KH, 5 g B

400 g Fenchel

250 g Lachs, frisch oder gefroren

2 Knoblauchzehen

400 g Orechiette (oder andere Pasta wie Farfalle)

2 – 3 EL Olivenöl

Salz, Pfeffer

Parmesan nach Belieben

1 Einen großen Topf mit 4 Litern Wasser aufsetzen. Den Fenchel waschen und mit einem Sparschäler von angetrockneten, groben Außenschalen befreien. Die Fenchelstiele schälen, auch sie werden verwendet. Das Fenchelgrün beiseitelegen.
2 Etwa die Hälfte des Fenchels, vor allem die Stiele, sehr klein schneiden. Das Fenchelklein soll sich in der Pasta verteilen. Den restlichen Fenchel quer zur Faser in feine Streifen schneiden. Lachs in sehr dünne Scheiben schneiden, dann in Stücke (etwa 1 cm x 1 cm).
3 Pasta mit 1 EL Salz ins kochende Wasser geben, kurz rühren. Wenn die Nudeln al dente sind, abgießen. Etwas Kochwasser zurückbehalten.
4 Pasta tropfnass in einer Schüssel mit dem Olivenöl mischen, die Knoblauchzehen hineinpressen, Lachsstücke und Fenchel dazugeben, eventuell noch 1 bis 2 EL Kochwasser. Das klein geschnittene Fenchelgrün darüberstreuen, nach Geschmack Pfeffer und Parmesan darüberreiben.

Pasta cacio e pepe

Das einzige, was bei diesem römischen Klassiker etwas Zeit kostet, ist das Schroten des Pfeffers (pepe). Man kann ihn aber auch geschrotet kaufen. Cacio ist ein umgangssprachliches Wort für Käse. Nehmen Sie ruhig etwas schärferen Pecorino oder Parmesan.

Zutaten für 4 Portionen **Zeit** 20 Min.
Nährwert 635 kcal, 24 g E, 18 g F, 94 g KH, 4 g B

1–2 EL schwarze Pfefferkörner

500 g Pasta wie Penne, Rigatoni, Tagliatelle

1 EL Butter

2 EL Olivenöl

2 frische Eier

50 g geriebener Pecorino oder Parmesan

1 Gut 4 Liter Kochwasser für die Nudeln aufsetzen. Pfefferkörner in einen Tiefkühlbeutel füllen, mit dem Boden eines kleinen Topfs oder einem Nudelholz fest zerdrücken. Wenn's gar nicht geht, Pfeffer ganz grob mahlen.
2 Die Pasta mit 1 EL Salz ins Kochwasser geben und bissfest garen. Butter und Olivenöl in einem Topf nur ganz kurz mit der Hälfte des Pfeffers erhitzen. Kurz vor Ende der Kochzeit 4 EL Kochwasser zu der Pfeffer-Öl-Mischung geben. Die Pasta abgießen und tropfnass untermischen.
3 Die Eier in einer Tasse oder Schale glatt rühren und das Ei vorsichtig darunterziehen – es soll nicht stocken. Eventuell nachpfeffern.
4 Auf vorgewärmten Tellern servieren, Käse darunterrühren.

Risotto können Sie schon Stunden vorher zubereiten und trotzdem cremig auf den Tisch bringen. Es geht ganz einfach, auch ohne viel Rühren. Der Klassiker ist Risotto Milanese.

Risotto Milanese für Faule

1 Zwiebel schälen, fein schneiden. Mit dem Reis in Öl und der Hälfte der Butter glasig dünsten. Mit dem Weißwein ablöschen. **2** Wenn die Flüssigkeit verdampft ist, 500 ml Brühe dazugeben, sie muss nicht warm sein. Alles kurz aufkochen lassen, die Hitze auf niedrigste Stufe herunterschalten und bei geschlossenem Deckel etwa 15 Minuten garen lassen. Elektrisch beheizte Kochfelder (außer Induktion) können Sie nach 10 Minuten abschalten und den Reis dank der Restwärme ziehen lassen. Danach soll der Reis noch körnig sein. Er kann jetzt ruhig einige Stunden stehen bleiben.
3 Kurz vor dem Servieren den Reis mit 100 bis 150 ml heißer Brühe erhitzen, dass er gar, aber noch bissfest ist. Achtung: Reis saugt unterschiedlich auf, eventuell ist mehr Brühe nötig. Den Safran unterrühren, dann für die Cremigkeit 3 bis 4 EL Sahne oder Zucchinisauce dazugeben. Die restlichen 2 EL Butter mit dem geriebenen Parmesan untermischen. Schnell servieren.

Dieses Rezept können Sie – ohne Safran – fast unendlich variieren. Für ein Pilzrisotto kochen Sie 20 Gramm klein geschnittene getrocknete Steinpilze mit 200 ml auf und geben sie samt gefiltertem Pilzwasser zum Reis, die Menge der Brühe dann aber entsprechend reduzieren.

Auch gut: Mit dem Reis kleine Würfel aus Selleriestangen, Petersilienwurzel oder Pastinaken andünsten, zum Schluss statt Parmesan 50 g Camembert ohne Rinde untermischen, eventuell gehackte Walnüsse. Zum Ablöschen geht statt Wein auch trockener Wermut wie Noilly Prat.

Zutaten für 4–6 Personen **Zeit** 30 Min., 15 aktiv
Nährwert 455 kcal, 9 g E, 20 g F, 51 g KH, 2 g B

1 kleine Gemüsezwiebel

250 g Risottoreis

1 EL Olivenöl

4 EL Butter

50 ml Weißwein

600–650 ml Hühnerbrühe

1 Dose Safranfäden (oder Pulver)

50 g Parmesan

3–4 EL Sahne oder Zucchinisauce (siehe Seite 202)

Zutaten für 4 Portionen **Zeit** 35 Min., 20 aktiv
Nährwert 500 kcal, 19 g E, 17 g F, 63 g KH, 7 g B

Risi e bisi

Für dieses Risotto können Sie den Reis samt Erbsen –
italienisch piselli – gemächlich bei geschlossenem
Deckel garen lassen. Rühren entfällt auch hier weitge-
hend, Sie sollten das Gericht aber ganz frisch zubereiten.
Am besten schmeckt es fast ein wenig flüssig.

75 g Schinkenspeck, durchwachsen

1 mittlere Zwiebel

1 EL Butter

250 g Risottoreis

1 – 2 EL Olivenöl (optional)

750 ml Brühe

300 – 400 g gefrorene Erbsen

1 Bund glatte Petersilie

60 g Parmesan

1 Den Schinkenspeck sehr klein
schneiden, ebenso die Zwiebel. Erst
den Speck in die Pfanne geben und
etwa 3 Minuten ausbraten, er soll
noch nicht kross sein. Ist sehr viel Fett
ausgebraten, alles bis auf 1 EL abschüt-
ten. 1 EL Butter dazugeben und Zwiebel und Reis bei niedriger Hitze 3 bis
5 Minuten glasig andünsten, eventuell
noch Olivenöl dazufügen.
2 Mit 500 ml Brühe ablöschen, auf
kleinster Flamme zugedeckt etwa
15 Minuten garen lassen. Dann die gefrorenen Erbsen und weitere 250 ml
Brühe dazugeben, nach Wunsch auch
mehr. Aufkochen und abgedeckt etwa
5 Minuten garziehen lassen.
3 Inzwischen die Petersilie waschen,
trocken schütteln, die Blättchen fein
schneiden beziehungsweise hacken.
Den Parmesan reiben und unter das
Risotto rühren. Petersilie dazugeben.
Wer es noch flüssiger vorzieht, gibt
noch etwas Brühe, 50 ml Sahne oder
Zucchinisauce (Seite 202) dazu. Sofort
servieren.

Spinatrisotto mit Blauschimmel

Auch bei diesem Rezept wird nicht übermäßig gerührt. Überraschend ist die Kombination von mildem Blauschimmel, Reis und Spinat.

Zutaten für 4 Portionen **Zeit** 30 Min., 20 aktiv
Nährwert 520 kcal, 10 g E, 30 g F, 51 g KH, 2 g B

250 g Spinat, tiefgefroren

1 kleine Gemüsezwiebel

3 EL Olivenöl

2 Knoblauchzehen

½ TL Oregano, getrocknet

250 g Risottoreis

50 ml Wein (oder Brühe)

6 EL Sahne (oder Zucchinisauce S. 202)

75 – 120 g milder Blauschimmelkäse

Rucola und Butter (optional)

Salz, Pfeffer, geriebener Muskat

1 Spinat auftauen, aufkochen, gut ausdrücken. Zwiebel würfeln, in 2 EL Olivenöl andünsten. Spinat hacken, dazugeben, Knoblauch hineinpressen, mit Oregano und Muskat würzen. Unter Rühren 2 bis 3 Minuten dünsten.
2 In einem anderen Topf den Reis mit 1 EL Öl glasig rösten, mit Wein ablöschen. Wenn der verdampft ist, 500 ml Wasser und Spinat dazugeben, aufkochen, sanft mit Deckel noch 10 bis 15 Minuten köcheln lassen, vom Herd ziehen. Er kann ruhig auskühlen und später serviert werden.
3 Vor dem Servieren 150 bis 200 ml Wasser unter den Reis rühren, dabei erhitzen, dann die Sahne – der Reis soll cremig werden. Blauschimmelkäse in kleinen Portionen unterrühren, bis er sich aufgelöst hat, eventuell etwas Butter und fein gehackten Rucola. Abschmecken und heiß servieren.

Dieses schnelle Couscousgericht lässt sich mit verschiedensten Gemüsen anreichern: Kürbis oder Pastinaken passen gut. Vegetarier nehmen mehr Kichererbsen und lassen die orientalisch gewürzten Fischbällchen weg.

Gemüsecouscous mit Fischkefte

1 Toast 10 Minuten einweichen, ausdrücken. Fisch und Zwiebel fein hacken, die Hälfte der Zwiebelwürfel in 1 EL Öl glasig dünsten, die andere Hälfte für den Couscous aufbewahren.

2 Die angebratene Zwiebel mit Fisch, Brot, Eigelb, 1 bis 2 TL gemahlenem und der Hälfte des frischen Korianders vermengen, abschmecken. Bällchen formen, sanft von jeder Seite 2 Minuten anbraten, zugedeckt ohne Hitze in der Pfanne lassen.

3 Außenhaut vom Fenchel abschälen (Sparschäler), die Knolle halbieren, quer in schmale Streifen schneiden. Zucchini würfeln (etwa 1 cm Kantenlänge). Möhre und Selleriestangen halbieren. In dünne Scheiben schneiden, ebenso den Lauch.

4 Erst die restliche Zwiebel mit den härteren Gemüsen in 2 EL Öl andünsten, salzen und pfeffern, später auch Lauch und Zucchini. Kichererbsen mit Aufgussflüssigkeit und so viel Wasser dazugeben, dass alles bedeckt ist. Tomatenmark, Zimt und Kreuzkümmel dazugeben und kochen, bis das Gemüse weich ist. Eventuell Brühe nachgießen, es soll wie ein Eintopf werden.

5 Couscous mit 1 bis 2 EL Öl vermengen, damit er nicht zusammenklebt. In 250 ml kochend heißes Wasser einrieseln lassen, salzen, ohne Hitze abgedeckt 10 Minuten quellen lassen, mit zwei Gabeln auflockern und die Butter unterrühren.

6 Gemüse abgießen, die Brühe beiseitestellen. Pro Person sollte es mindestens 1 Schöpfkelle voll sein (sonst noch mit Wasser oder Brühe auffüllen), mit Harissa oder Chili scharf abschmecken. Couscous auf den Tellern verteilen, in der Mitte eine Mulde formen und das Gemüse hineingeben. Die Fischbällchen danebenlegen, Brühe und Koriander darübergeben.

Zutaten für 4 Personen **Zeit** 45 Min.
Nährwert 715 kcal, 44 g E, 22 g F, 82 g KH, 15 g B

2 Scheiben Toast

400 g Lachs

1 Gemüsezwiebel

4 EL Öl

2 Eigelb

1 – 2 TL gemahlener Koriander

1 Bund frischer Koriander

je 1 mittlere Fenchelknolle, Zucchini, Möhre

2 Selleriestangen

½ Lauchstange, weißer Teil

1 kleine Dose Kichererbsen (240 g)

1 EL Tomatenmark

½ TL Zimt

1 TL Kreuzkümmel

200 g Couscous, grob oder fein

1 – 2 EL Butter

Salz, Pfeffer, Harissa oder Chilipulver

Libanesischer Tabouleh mit Bulgur

Tabouleh ist ein arabischer Petersiliensalat – und für den hat jede Familie ihr eigenes Rezept. Im Libanon wird er mit grobem Bulgur zubereitet. Rechts gibt es die im Charakter ganz unterschiedliche marokkanische Variante vom anderen Ende des Mittelmeers.

Zutaten für 6 Portionen **Zeit** 2 Std., 20 Min. aktiv
Nährwert 170 kcal, 6 g E, 1 g F, 30 g KH, 4 g B

600 g mittelgroße Tomaten

4 EL Zitronensaft

200 g Bulgur mittelgrob

300 g glatte Petersilie

1 Bund Minze

1 Bund Frühlingszwiebeln

2 – 3 EL Olivenöl

Salz, Pfeffer

1 Tomaten vom Stielansatz befreien, fein würfeln, mit Saft und Kernen in eine Schüssel geben und etwas salzen. Zitronen auspressen, zu den Tomaten geben und den Bulgur direkt unterrühren (Nicht vorher mit heißem Wasser übergießen!). Etwa 2 Stunden gekühlt ruhen lassen, damit der Bulgur den Gemüsesaft aufsaugen kann.
2 In der Zwischenzeit Petersilie und Minze waschen, trocken schütteln, Blätter klein schneiden. Frühlingszwiebeln in dünne Ringe schneiden. Alles mit 2 bis 3 EL Olivenöl unter den Salat mischen. Abschmecken.

Libanesischen Tabouleh isst man als Vorspeise typischerweise aus der Hand. Dazu nimmt man ein Salatblatt, füllt es mit dem Tabouleh und führt es mit den Fingern zum Mund. Dazu passen auch Hummus und Auberginenkaviar (Seite 28/29).

Marokkanischer Couscous-Salat

Beim der marokkanischen Tabouleh mischen mehr Zutaten als beim libanesischen mit, außerdem Couscous statt Bulgur. Wenn man die kleinen Körner trocken in die Schüssel gibt, wo sie den Gemüsesaft aufsaugen, bleiben sie körnig und werden sehr aromatisch.

Zutaten für 4 Portionen **Zeit** 2 Std., 30 Min. aktiv
Nährwert 230 kcal, 9 g E, 8 g F, 43 g KH, 5 g B

2 Selleriestangen

1 Fenchelknolle

1 Gurke, etwa 300 g

400 g Tomate

1 unbehandelte Zitrone

200 g Couscous mittelgrob

2 TL Kreuzkümmel

½ TL Zimt

1 Bund Petersilie oder Koriander

½ Bund Minze

4 Frühlingszwiebeln

2–3 EL Olivenöl

Salz, Pfeffer

1 Sellerie oben und unten kappen, vom Fenchel harte Schalen entfernen, beides in dünne Scheiben schneiden. Die Gurke entkernen, in kleine Würfel schneiden. Die Tomaten samt Saft und Kernen ebenfalls klein schneiden, mit dem restlichen Gemüse vermischen.
2 Abgeriebene Zitronenschale zum Gemüse geben, ebenso den Saft der Zitrone. Salzen und pfeffern, mindestens 30 Minuten, besser 1 Stunde ruhen lassen, bis alles reichlich Saft gezogen hat.
3 Den Couscous direkt aus der Tüte untermischen, erneut 1 Stunde stehen lassen. Dann mit Kreuzkümmel und Zimt würzen, Kräuter untermengen, ebenso die in dünne schräge Scheiben geschnittenen Frühlingszwiebeln und das Öl. Noch einmal 20 bis 30 Minuten durchziehen lassen.

Orangen-Couscous

150–200 g Zucchini ● 2 EL Öl ● 200 g Couscous ●
100 ml Orangensaft ● ½ TL Zimt ● ½ TL Kreuzkümmel ●
Harissa (oder Chilipulver) ● 30–40 g gehackte Mandeln, Walnüsse oder Cashewkerne ● Salz ● Rosinen
oder andere Trockenfrüchte (optional)

▶ Zucchini in Streifen oder Scheiben schneiden. Mit
1 EL Öl 2 Minuten unter Wenden anbraten und leicht
bräunen. Topf vom Herd ziehen, Couscous einrühren
und mit dem restlichen Öl vermengen, sodass er
schön körnig wird. Mit Orangensaft, 250 ml Wasser,
Zimt und Kreuzkümmel einmal kurz aufkochen, vom
Herd ziehen und 5 Minuten quellen lassen. Mit Salz
und Harissa abschmecken, gehackte Nüsse untermischen und mindestens 10 Minuten stehen lassen.
Der süßsaure Orangensaft sorgt mit Harissa für die
orientalische Note. Trockenfrüchte passen auch gut.

Zutaten für 4 Portionen **Zeit** 20 Min.
Nährwert 300 kcal, 8 g E, 11 g F, 60 g KH, 3 g B

Nudelrisotto

300 g reisförmige Nudeln ● 1 EL Öl ● 750 ml Brühe ●
2 EL Tomatenmark ● 20–30 g Parmesan

◀ Nudeln kurz in Öl andünsten, nach 1 bis 2 Minuten
die Brühe dazugießen und aufkochen, dabei kräftig
umrühren. Die Hitze auf die kleinste Stufe herunterschalten, bei geschlossenem Deckel gut 10 Minuten
köcheln lassen, immer mal wieder umrühren. Tomatenmark untermischen, noch kurz bei geschlossenem
Deckel stehen lassen, bis die Nudeln alle Flüssigkeit
aufgesogen haben. Parmesan darüberreiben.
Varianten: Schafskäse und Kräuter wie frisches Basilikum, Rosmarin oder Petersilie dazugeben oder
gleich zu Beginn auch Hühnerstücke kurz anbraten,
mit Zucchini, Tomaten oder Auberginen andünsten
und dann die Reisnudeln dazugeben.

Zutaten für 4 Portionen **Zeit** 20 Min.
Nährwert 320 kcal, 10 g E, 5 g F, 58 g KH, 3 g B

Polenta cremig-knusprig

250 ml Milch ● ½ TL Salz ● 200 g Maisgrieß (Polenta) ● 20 – 30 g Parmesan ● 1 EL Butter (optional)

▶ Die Milch mit 750 ml Wasser und dem Salz aufkochen, den Maisgrieß nach und nach einrühren, 2 Minuten köcheln, dann 10 Minuten ausquellen lassen. Geriebenen Parmesan und nach Geschmack Butter unterrühren. Varianten: Gehackte Kräuter oder 2 bis 3 EL Pesto unterrühren, kleine Tomaten mit Knoblauch in der Pfanne braten und dazugeben. Cremig ist die Polenta, wenn sie gleich serviert wird. Fest geworden, lässt sie sich knusprig in der Pfanne braten.

Zutaten für 4 Portionen **Zeit** 15 Min.
Nährwert 240 kcal, 8 g E, 6 g F, 38 g KH, 1 g B

Bulgur mit Gemüse

1 große Paprikaschote (rot, gelb oder grün) oder 250 g Zucchini ● 1 EL Öl ● 200 g Bulgur mittelfein ● Salz, Pfeffer

◀ Das Gemüse waschen, putzen, nach Wunsch in Stücke, Scheiben oder Streifen schneiden. Alles in 1 EL Öl kurz andünsten, mit rund 250 ml Wasser und dem Bulgur aufkochen. Zugedeckt auf kleinster Flamme etwa 5 Minuten quellen lassen, eventuell sogar von der Hitze nehmen. Mit Salz und Pfeffer abschmecken.
Nach Belieben zusätzlich würzen (Kreuzkümmel, Paprika) oder schärfen (Pfeffer, Chili, Harissa).

Zutaten für 4 Portionen **Zeit** 15 Min.
Nährwert 230 kcal, 7 g E, 4 g F, 38 g KH, 2 g B

Langoustine

PÊCHÉ EN ATLANTIQUE NORD-EST

3 6 , 90 €

Meeresfrüchte

Safran sollte man sich hin und wieder leisten. Das unvergleichliche gelbe Gewürz, das in Minimengen verkauft wird, hat einen Geschmack, der so märchenhaft ist wie sein Preis. Für dieses Rezept braucht man nur ein Döschen von einem Zehntel Gramm. Mehr wäre natürlich besser.

Baskische Pfanne mit Safran und Chili

1 Paprika waschen und entkernen, Zwiebel häuten und beides in mittelgroße Stücke schneiden. In einer Pfanne mit 1 bis 2 EL Olivenöl unter Wenden andünsten, dabei salzen und pfeffern. Nach etwa 2 Minuten die Hitze herunterschalten und mit Deckel 4 bis 5 Minuten köcheln lassen.

2 Die grob gewürfelte Zucchini dazugeben, Knoblauch hineindrücken, mit der Hühnerbrühe, den Lorbeerblättern, Safran und Tomaten weitere 3 bis 4 Minuten köcheln lassen.

3 Den Schinken würfeln und zum Schluss dazugeben. Alles vorsichtig mit Salz, Pfeffer und Chili würzen. Die Schärfe soll den Safran nicht übertönen. Kurz noch einmal aufkochen. Sehr dünnflüssige Sauce mit 1 bis 2 EL Tomatenmark andicken.

4 Daneben in einer Pfanne die Fischfilets im restlichen Öl sehr heiß anbraten, ein paar Mal wenden und nach etwa 4 Minuten auf das Gemüse geben. Dazu passen kurze Pasta, Langkornreis oder Gnocchi.

Die für das Rezept benötigte Menge an Safran kostet im Supermarkt ungefähr 3 Euro. Bei Angeboten, die deutlich weniger kosten, könnte es sich um Fälschungen handeln.

Das Rezept funktioniert auch mit hellem Fleisch wie Kalbs-, Hühner- oder Putenfilet. Braten Sie es in kleine Stücke geschnitten und nur 2 bis 3 Minuten, damit es schön saftig bleibt. Dann unter das Gemüse mischen.

Zutaten für 4 Portionen **Zeit** 30 Min.
Nährwert 340 kcal, 26 g E, 15 g F, 12 g KH, 9 g B

3–4 Paprikaschoten, gelb und rot, etwa 600 g

1 mittlere Gemüsezwiebel, etwa 250 g

3–4 EL Olivenöl

400 g Zucchini

1–2 Knoblauchzehen

100 ml Hühnerbrühe

2 Lorbeerblätter, am besten frisch

0,1 g Safran (oder ½ TL Kurkuma)

200 g gestückelte Tomaten, frisch oder Fertigprodukt

100 g milder luftgetrockneter Schinken wie Pata Negra oder Serrano

500 g fester Weißfisch wie Seehecht oder Seeteufel, auch tiefgefroren

Salz, Pfeffer, Chiliflocken oder -pulver

119

Rotweinbutter ist ein hocharomatisches Konzentrat, das zu dunklem Fleisch, aber vor allem auch zu Thunfisch passt. Ganz kurz gebraten, bleibt der edle Fisch schön saftig. Dazu gibt es sanftes Selleriepüree.

Thunfischsteak mit Rotweinbutter an Selleriepüree

1 Den Thunfisch über Nacht im Kühlschrank auftauen lassen. Mindestens 90 Minuten vor der Zubereitung aus dem Kühlschrank nehmen. Wenn er in die Pfanne kommt, sollte er Zimmertemperatur haben, besser noch etwa Körpertemperatur. Dann kann man ihn so kurz braten, dass er saftig bleibt. Notfalls vor dem Braten kurz bei 30 bis 35 °C in den Backofen legen.

2 Sellerieknolle in etwa 1 cm dicke Scheiben schneiden, dann die Schale von den Scheiben entfernen. In kleine Stücke schneiden und mit etwas Wasser entweder 3 Minuten dämpfen oder im Mikrowellengerät abgedeckt mit 1 EL Wasser 3 bis 5 Minuten garen. Das Gemüse soll noch relativ fest sein. Mit der Sahne kurz pürieren, dabei etwas stückig lassen. Mit einer Prise geriebenem Muskat und Salz abschmecken, etwas Butter unterrühren.

3 Die Schalotte schälen und sehr klein schneiden, eventuell mit dem Mixstab nachhelfen. Mit dem Rotwein in einem kleinen Topf köcheln lassen, bis die Flüssigkeit gerade noch den Boden bedeckt. Leicht salzen, vom Feuer nehmen, mit 50 g sehr kalten Butterstückchen aus dem Kühlschrank ohne zu kochen vermischen. Es können auch 70 g sein, dann wird die Sauce sämiger.

4 Die Thunfischscheiben mit 1 EL Öl von jeder Seite eine Minute scharf anbraten, auf angewärmte Teller legen, Rotweinbutter darübergeben. Mit Selleriepüree servieren. Dazu passt Rosenkohl.

Zutaten für 4 Portionen **Zeit** 30 Min.
Nährwert 340 kcal, 26 g E, 15 g F, 12 g KH, 9 g B

500 g Thunfisch, gefroren (mit MSC-Siegel)

500 g Sellerieknolle, etwa 400 g geschält

2 – 3 EL Sahne

1 Prise Muskat

50 – 100 g Butter

1 große Schalotte

250 ml Rotwein

Salz

1 EL Öl

Die Makrele ist ein unterschätzter Fisch. Wir kennen sie meist nur geräuchert. Das ist schade, denn kein Fisch schmeckt so nach Meer und ist mit seinen gesunden Fetten so günstig für unsere Ernährung.

Makrele mit Zitronen-Kapern-Sauce

1 Makrelen filetiert der Fischhändler. Wenn nicht, versuchen Sie es selbst, vorher ausnehmen muss man Makrelen nicht: Mit einem schmalen Messer hinter den Kiemen bis zur Mittelgräte schneiden, dann die Klinge flach an ihr entlang bis zum Schwanz führen. Auf der anderen Seite wiederholen, Filets abheben. Mit einer Pinzette die Gräten in der Mitte der Filets und am vorderen Bauchlappen herausziehen. Die Haut bleibt dran.
2 Für die Sauce eine Zitrone schälen (Sparschäler). Schalen einmal kurz aufkochen, abgießen, sehr fein hacken. Das geht auch im Blitzhacker, am besten zusammen mit der vorgehackten Schalotte. Kapern dreimal mit einem Sieb kurz in heißes Wasser hängen, jeweils gut ausdrücken, zum Schluss leicht hacken.
3 Die Zitrone auspressen: Es werden 4 EL Zitronensaft benötigt. Mit den Kapern, Schalottenstückchen und der Zitronenschale sowie 3 bis 4 EL Wasser bei niedriger Hitze ohne Deckel auf etwa 2 EL Flüssigkeit einkochen lassen.
4 Für den Fisch 20 g Butter in der Pfanne zerlassen, die Makrelen mit der Hautseite nach unten hineinlegen, leicht salzen, abdecken. Filets nach etwa 2 Minuten umdrehen und zugedeckt 2 bis 3 Minuten bei niedriger Hitze ziehen lassen.
5 Ist die Sauce ausreichend reduziert, 60 g kalte Butter in mehreren Stückchen auf einmal in die köchelnde Sauce rühren, nicht noch einmal aufkochen. Schnell vom Feuer nehmen, mit Salz und Pfeffer abschmecken, mit dem Fisch servieren.

Passt dazu: 500 g Bohnen in einer Pfanne mit Deckel in je 1 EL Butter und Wasser 15 Minuten bissfest dünsten, salzen.

Zutaten für 4 Portionen **Zeit** 25 Min.
Nährwert 450 kcal, 24 g E, 37 g F, 4 g KH, 1 g B

2 oder 3 Makrelen, filetiert oder ganz, etwa 500 g Filet

1–2 unbehandelte Zitronen

1 große Schalotte

2 EL Kapern in Lake

80 g Butter

Salz

Fisch – der bedrohte Genuss

Das Mittelmeer war einst ein Garant preiswerter Fische für seine Anwohner. Das ist schon lange nicht mehr so, denn den Meeren geht es schlecht. Gezielt genießen lautet die Devise.

Einst war sie ein Arme-Leute-Gericht, die berühmte Bouillabaisse aus Marseille, die Fischsuppe, die mit Krebsen und kleinen Fischen für den Fischsud lange köchelte (bouillir), und zwar bei niedriger Hitze (a baisse). Heute sind die Zutaten fast unbezahlbar. Deshalb finden Sie in diesem Buch auch keine echte Fischsuppe nach Art der Bouillabaisse.

Gut, dass die Fische der Provence auch aus Flüssen kommen, so wie Hecht, Zander und Forellen. Der berühmteste Fluss für Forellen sprudelt in L'Isle sur Sorgue. Schmackhafte Meeresfische sind die eleganten Makrelen. Auch die Dorade ist ein typischer Mittelmeerfisch. Dort wird sie wild gefangen, in größeren Mengen aber gezüchtet. Und dann wären da noch Schwertfisch, Seehecht, See-

teufel, Seewolf, Rotbarben, Sepien, Tintenfisch. Das alles kommt von den Märkten der Küste in die Provence – und ist teuer.

Wir haben uns bei den Rezepten auf das beschränkt, was noch einigermaßen bezahlbar ist, oft allerdings teuer genug. Die kleinen weißen Jakobsmuscheln gehören dazu oder Thunfisch, das Steak des Meeres, das mit fleischähnlicher Konsistenz aus der Pfanne kommt. Thunfisch sollte man – wenn überhaupt – nur mit MSC-Siegel kaufen. Das blaue Zeichen steht für Marine Stewardship Council. Das heißt: Der Fisch ist laut MSC noch mit halbwegs gutem Gewissen zu verspeisen, weil er umweltbewusst gefangen wurde und der Bestand nicht überfischt wird. Einen Freispruch für den Verzehr haben derzeit nur drei Zucht-Sorten: Karpfen, Pangasius und Forelle. Dann wird's schwierig, Organisationen wie Greenpeace und WWF haben unterschiedliche Empfehlungen, und die Kriterien des MSC-Siegel finden manche zu lasch. Bedingt empfohlen werden beispielsweise Makrele, Seelachs und Kabeljau, allerdings nur aus bestimmten Gegenden. Auch Seehecht zum Beispiel ist laut MSC nur in Ordnung, wenn er aus Südafrika kommt. Fisch ökologisch korrekt zu kaufen ist nicht einfach, die Situation in den Meeren ändert sich von Saison zu Saison. Immer wieder kommen neue Siegel dazu, beispielsweise von Naturland, Bioland und der EU.

„Sauvage" steht auf den Preisschildern in den Markthallen, wenn die Fische wild gefischt wurden. Der wohl bekannteste Zuchtfisch ist Lachs. Wild gibt es ihn auch, dann ist er fettärmer, weil er sich mehr bewegt – und oft nicht so rot. Frisst der Lachs keine rotschaligen Krebse, fällt das Fleisch blasser aus. Gesund sind sie in jedem Fall: Fette Fische wie Lachs und Makrele mit reichlich gesunden Fettsäuren besonders. Auch sonst hat es Fisch in sich: 15 bis 20 Prozent leicht verdauliches und sehr hochwertiges Eiweiß, dazu vor allem Fluor, Jod und Selen, wenn es sich um Seefisch handelt. Eiweißreich, fett- und kalorienarm sind auch Krabben, Krebse, Sepien und Tintenfische.

Tradition im ganzen Süden bis hin nach Portugal hat Stockfisch, gesalzener und getrockneter Kabeljau. Im Rezept für das Traditionsgericht Aioli haben wir ihn durch frischen Kabeljau ersetzt, der eine Weile in Salz ruht. Weiter westlich Richtung Spanien schätzt man die Brandade, ein Stockfischpüree. Zum Mittelmeer gehören auch die Anchovis, die in Salz eingelegten kleinen Sardellenfilets. Sie sind Basis für die berühmte fischigscharfe Anchoïade, die Sardellensauce, die zu vielem passt.

Lachs mit Kichererbsen und Kreuzkümmel – das ist ungewöhnlich, sehr aromatisch, gesund und einfach. Die Lachshaut wird schön knackig gebraten, es riecht danach aber etwas scharf. Alternativen: Zander- oder Lachsfilet ohne Haut.

Knuspriger Lachs mit Kichererbsen

1 Möhren und Selleriestangen waschen und schälen (Sparschäler). Die Stangen oben und unten kappen. Alles erst in feine Streifen schneiden, dann würfeln. Die Zwiebel häuten und fein hacken. Die Petersilie waschen, trocken schütteln, die Blätter hacken.

2 Das Gemüse mit 2 EL Olivenöl und 1 TL Zitronenabrieb bei niedriger Hitze andünsten, Sardellenpaste und Kreuzkümmel unterrühren, Knoblauch hineinpressen, salzen, pfeffern, etwa 15 Minuten zugedeckt garen. Die Kichererbsen abgießen, die Abtropfflüssigkeit zum Gemüse geben und ohne Deckel weitere 10 bis 20 Minuten fast vollständig einkochen. Die Zucchini der Länge nach vierteln, die Kerne herausschaben, in etwa 1 cm große Stücke schneiden, zum Gemüse geben, salzen. Dann die Hitze herunterschalten, Kichererbsen und Essig dazugeben und noch etwa 5 Minuten zugedeckt dünsten – die Zucchini sollen knackig bleiben.

3 Inzwischen die Lachshaut kreuzweise einschneiden. 1 EL Öl in eine Pfanne geben und den Fisch mit der Hautseite nach unten 2 Minuten scharf anbraten, bei geschlossenem Deckel weitere 2 Minuten braten, dann vom Herd ziehen, den Deckel abnehmen. Den Fisch mit der Hautseite nach oben servieren, dazu das Gemüse mit den Petersilienblättern und – je nach Wunsch – noch 1 bis 2 EL Olivenöl darüber.

Fischfilets ohne Haut in Mehl wenden, auf beiden Seiten scharf anbraten und wie oben weiterverarbeiten.

Zutaten für 4 Portionen **Zeit** 45 Min.
Nährwert 590 kcal, 36 g E, 36 g F, 32 g KH, 17 g B

150 g Möhren

4 Selleriestangen

1 mittlere Zwiebel

1 Bund glatte Petersilie

4 EL Olivenöl

½ unbehandelte Zitrone

1 TL Sardellenpaste (Seite 205) oder Fertigprodukt

1 gehäufter TL Kreuzkümmel

2 Knoblauchzehen

1 große Dose Kichererbsen, etwa 500 g

1 mittlere Zucchini, etwa 200 g

1 EL Sherryessig oder heller Balsamico

500 g Lachsfilet, möglichst mit Haut

Salz, Pfeffer

Pfannenfisch mit Weißweinbutter

Ob Zander, Kabeljau, Seehecht oder Lachs – Weißweinbutter wertet jeden Fisch auf. Wichtig ist, dass man sie schnell zubereitet und ebenso schnell serviert. Die sanfte Säure des Konzentrats passt auch wunderbar, wenn man den Fisch dämpft oder dünstet.

Zutaten für 4 Portionen **Zeit** 20 Min.
Nährwert 370 kcal, 20 g E, 30 g F, 2 g KH

200 ml Weißwein

2 Schalotten

2 EL Zitronensaft

400–500 g weißes Fischfilet

120–150 g kalte Butter

Salz

1 In einem kleinen Topf den Weißwein mit den fein gehackten Schalotten und Zitronensaft einkochen, eventuell 2 bis 3 EL Wasser oder Wein dazugeben: Zum Schluss sollen etwa 2 EL Weißweinreduktion bleiben. Salzen.
2 Inzwischen Fischfilets in Portionen schneiden, trocken tupfen. In einer Pfanne mit 1 EL Butter bei mittlerer Hitze kurz dünsten, die Butter soll nicht bräunen. Filets umdrehen, zugedeckt ohne Hitzezufuhr garen lassen. Das dauert unterschiedlich, ein dünnes Filet braucht nur 2 Minuten. Dann erst salzen. Gut ist grobes Fleur de Sel.
3 Die übrige Butter direkt aus dem Kühlschrank in kleine Stücke schneiden, auf einmal in den Topf zur köchelnden Weißweinreduktion geben, beim Untermischen schwenken, bis es aufschäumt. Vom Herd nehmen, nicht wieder erhitzen, die Butter würde sich trennen. Fisch auf vorgewärmte Teller geben, die Sauce darüber.

Dazu passen gedämpfte Kartoffeln und Gemüse wie grüner Spargel.

Dorade mit Kräuterkruste

Die Kräuterkruste mit Minze und Mandeln macht sich nicht nur auf ganzen Doraden gut, sondern auch auf Fischfilets. Wenn etwas Kräutermischung übrig bleibt: getoastetes Brot damit bestreichen, mitbacken und als Appetithappen servieren.

Zutaten für 4 Portionen **Zeit** 40 Min., 20 aktiv
Nährwert 375 kcal, 36 g E, 17 g F, 5 g KH, 1 g B

4 Doraden, je etwa 350 g, ausgenommen und entschuppt

3 Bund Petersilie

1 Bund Minze (oder Trockenkräuter nach Wahl)

2 Knoblauchzehen

4 EL Olivenöl

60 g gehackte Mandeln

1 Eiweiß

Salz

1 Backofen auf 200 °C vorheizen. Doraden waschen, trocken tupfen, innen salzen**.** Die Haut schräg zum Rückgrat 2- bis 3-mal einschneiden, der Schnitt soll etwas ins Fischfleisch gehen.
2 Kräuter waschen, trocken schütteln, die Blätter grob hacken. Mit dem gehackten Knoblauch, Öl und 50 g gehackten Mandeln pürieren, salzen. Das Eiweiß unterrühren, restliche gehackte Mandeln zufügen.
3 Die Doraden auf der Oberseite mit je 1 gehäuften EL Kräutermischung bestreichen, sie soll auch in die Einschnitte gelangen. In einer feuerfesten Form 15 bis 18 Minuten backen.

Gut dazu: Gedünstete Kartoffeln und Sahnelauch. Dafür 4 Lauchstangen unten kappen, dunkelgrüne Blätter abschneiden, gründlich waschen. In dünne Scheiben schneiden, mit 1 EL Butter und 2 EL Fond oder Brühe andünsten, mit 150 g Sahne bei geschlossenem Deckel und niedriger Hitze etwa 10 Minuten garen lassen.

129

Sehr edel, nicht ganz billig und außergewöhnlich gut.
Nur schade, dass man die Jakobsmuschen selten noch in
ihrer dekorativen Schale bekommt. Ein schnelles Gericht,
das als halbe Portion eine schöne Vorspeise ist.

Jakobsmuscheln auf grünen Tagliatelle

1 Tiefgefrorene Jakobsmuscheln am besten über Nacht im Kühlschrank auftauen, sonst notfalls schnell in Salzwasser (siehe Tipp unten). 4 bis 5 l Wasser für die Tagliatelle aufsetzen. Petersilie waschen und trocken schleudern, die Blättchen hacken. Die geschälten Knoblauchzehen fein hacken.

2 Die Tagliatelle mit 1 EL Salz ins kochende Wasser geben, einmal kurz umrühren und bissfest kochen.

3 Währenddessen die Muscheln mit Küchenpapier trocken tupfen. 1 bis 2 EL Olivenöl in eine Pfanne geben und erhitzen, Jakobsmuscheln von jeder Seite 1 bis 2 Minuten scharf anbraten. Sie können leicht bräunen, vom Feuer nehmen. Knoblauch und Petersilienblättchen kurz in der Pfanne unterrühren, dabei eventuell noch etwas Butter hinzufügen.

4 Die Tagliatelle auf warmen Tellern anrichten, die Jakobsmuscheln daraufsetzen. Die Knoblauch-Kräuter-Sauce darübergeben und etwas Pfeffer über das Ganze mahlen.

Nichts spricht gegen tiefgefrorene Muscheln, da ist Frische garantiert. Wenn das Auftauen mal ganz schnell gehen muss: 15 g Salz auf 500 ml lauwarmes Wasser geben, die Salzkonzentration von 3 % entspricht praktisch Meerwasser. Legt man die Muscheln 10 Minuten hinein, tauen sie auf, ohne nennenswerte Mengen an Flüssigkeit abzugeben. Die Methode taugt auch für Fische. Einzeln in Folie kann man sie auch einfach in lauwarmes Wasser legen.

Zutaten für 4 Portionen **Zeit** 20 Min.
Nährwert 660 kcal, 25 g E, 25 g F, 84 g KH, 4 g B

20 Jakobsmuscheln (etwa 500 g ausgelöst)

400 g grüne Tagliatelle

1 Bund Petersilie

2 Knoblauchzehen

4 EL Olivenöl

Salz, Pfeffer

Im Süden heißt dieses Sommergericht nach der Sauce dazu: Aïoli. Dazu nimmt man dort gepökelten Stockfisch. Den gibt es bei uns nicht, deshalb behelfen wir uns mit Kabeljau, der kurz in Salz ruht. Außer Aïoli passen auch die Dips auf der folgenden Doppelseite.

Provenzalisches Aïoli mit Fisch und Gemüse

1 Den Fisch auf jeder Seite dünn mit Salz bestreuen (insgesamt 4 bis 6 EL). Nach 20 Minuten die Filets gründlich kalt abspülen. Wasser aufkochen, den Topf von der Platte ziehen. Die Filets portionsweise darin etwa 10 Minuten gar ziehen lassen, dabei vor jeder neuen Portion das Wasser neu aufkochen. Filets herausnehmen.

2 Das Grün der Möhren kappen, 2 bis 3 cm des Stengels stehen lassen. Möhren und Kartoffeln schälen, längs halbieren, Blumenkohl oder Brokkoli in Röschen teilen. Lauchstange gut waschen (sehr sandige Stangen längs aufschneiden), in 4 bis 6 Stücke teilen.

3 Die Kartoffeln 20 Minuten leicht gesalzen in einem Topf mit Dämpfeinsatz garen, danach herausnehmen. Dann Blumenkohlröschen und Lauch in den Dämpfeinsatz geben, Hitze noch einmal hochschalten, und bei niedriger Hitze etwa 5 Minuten garen. Die Möhren in einem kleinen Topf mit 1 EL Butter, etwas Salz und Zucker andünsten, mit 2 bis 3 EL Wasser zugedeckt, bei niedriger Hitze 5 Minuten garen. Eier halbieren, mit abgetropften Artischockenherzen und Gemüse auf einer Platte anrichten.

4 Für das Aïoli die Eier trennen, Eigelb mit Zitronensaft und Senf verrühren, die Knoblauchzehen hineinpressen, Salz und Natron hinzufügen. Die beiden Öle langsam unter ständigem Rühren untermischen (Schneebesen/Mixstab). Falls sich die Emulsion trennt, einen Teelöffel heißes Wasser dazugeben. Mit Pfeffer abschmecken. Separat zu Fisch und Gemüse reichen.

Zutaten für 4 Portionen **Zeit** 40 + 30 Min.. **Nährwert** mit ohne/mit Aïoli 645/1365 kcal, 46/48 g E, 20/98 g F, 26/30 g KH, 8/8 g B

Fisch-Gemüse-Platte

750 g Kabeljau

60 – 100 g Salz

4 Bundmöhren

500 g Kartoffeln, vorwiegend festkochend

1 kleiner Blumenkohl

1 Lauchstange

4 gekochte Eier

4 Artischockenherzen (Dose)

1 EL Butter

1 TL Zucker

Aïoli

2 sehr frische Eier

1 – 2 EL Zitronensaft

1 EL Dijonsenf

2 große Knoblauchzehen

je 1 Prise Salz und Natron

je 150 ml Oliven- und Rapsöl

Anchoïade camarguaise

40 g Toastbrot (1–2 Scheiben) ● 1 Glas Sardellenfilets in Öl oder Salz (80–100 g) ● 2 EL Balsamico ● 2–3 EL Olivenöl ● 2 Knoblauchzehen ● Pfeffer

▶ Das Toastbrot entrinden und mit Wasser bedecken. Die Sardellenfilets abspülen, in einer kleinen Pfanne sehr langsam erhitzen, so dass sie sich auflösen (schmelzen). Das Toastbrot ausdrücken, mit den Sardellen, Essig, Öl und gehacktem Knoblauch in einen Mixbecher geben und schön sämig mixen (Stabmixer). Nach Geschmack Pfeffer dazugeben. Die Sauce passt besonders zu Fisch und gegartem Gemüse oder als Vorspeise oder Aperitif. Gut auch: in Blätterteigröllchen mitbacken

Zutaten für etwa 200 ml
Nährwert pro 50 ml: 140 kcal, 5 g E, 11 g F, 5 g KH

Kräutermayonnaise ohne Ei

2 EL Kräuterpesto ● 1 EL Dijonsenf ● 2 EL heller Balsamico ● 100 ml Olivenöl

◀ Das Pesto kann gekauft oder selbst gemacht sein. 2 gehäufte EL mit dem Senf, 1 EL Wasser und Balsamico in einen Mixbecher geben. Dann das Olivenöl nach und nach mit dem Stabmixer unterrühren. Passt zu kaltem Fleisch oder Fisch. Die Mayonnaise lässt sich gut aufbewahren, weil sie kein rohes Ei enthält.

Zutaten für etwa 200 ml
Nährwert pro 50 ml: 290 kcal, 1 g E, 30 g F, 2 g KH

Rouille

150–200 g gekochte Kartoffeln, eher mehligkochend
(oder die gleiche Menge Weißbrot und Milch) ●
2 Knoblauchzehen ● 1 Döschen Safran ● 150–200 ml
Olivenöl ● Chilipulver ● Salz

▶ Frisch gekochte Kartoffeln mit der Gabel zerdrücken, Knoblauchzehen hineinpressen. Safran, Salz,
dann nach und 150 bis 200 ml Öl mit dem Handrührer untermischen, so dass eine dicke Mayonnaise
entsteht. Falls sie sich trennt, 1 EL heißes Wasser
unterrühren. Mit Chili eher scharf würzen. Mit
Weißbrot: 150 g sehr gut in Milch einweichen, ausdrücken. Knoblauchzehen hineinpressen, 1 bis 2 EL
lauwarme Milch dazugeben, weiter wie oben.
Die scharfe Rouille hält sich gut, sie enthält kein rohes Ei. Sie harmoniert ganz generell mit Fisch und
auf getoasteten Brotscheiben zu einer Fischsuppe.

Zutaten für etwa 400 g
Nährwert pro 50 g: 290 kcal, 1 g E, 30 g F, 2 g KH

Salsa verde – grüne Sauce

1 Scheibe Toastbrot ● 2 Schalotten ● 2 Bund Petersilie ●
4 Sardellenfilets in Öl ● 25 g Kapern in Lake ● 3 EL Zitronensaft ● 4 EL Olivenöl ● 1 Knoblauchzehe ● Salz, Pfeffer

◀ Das Toastbrot entrinden, in Wasser einweichen.
Schalotten grob zerteilen, Petersilie waschen, trocken
schütteln. Sardellen, Kapern, Schalotten und Petersilienblätter vorgehackt in den Mixer geben, damit er
wirklich alles erfasst. Zitronensaft, Olivenöl und das gut
ausgedrückte Toastbrot hinzufügen, Knoblauch hineinpressen. Einmal durchmixen, mit Pfeffer und Salz abschmecken. Ein paar Stunden durchziehen lassen.
Die Sauce passt besonders zu Fleisch und Fisch. Sie
sollte recht säuerlich sein, eventuell noch Zitronensaft
oder hellen Balsamico zugeben.

Zutaten für etwa 200 ml
Nährwert pro 50 ml: 220 kcal, 3 g E, 17 g F, 10 g KH, 1 g B

Zur Paella gehören Reis, Olivenöl und Safran, dazu Fisch,
Fleisch und Gemüse nach Geschmack. Was in Großstadt-
küchen fehlt, ist eine große Pfanne, in der auf offenem
Feuer die typische Kruste entsteht. Bei kleineren Mengen
klappt das aber auch auf dem Herd in einem Schmortopf
oder in einer tiefen Pfanne mit 28 cm Durchmesser.

Kleine Paella mit Scampi

1 Die Paprikaschote entkernen, mit den Bohnen in Stücke
schneiden. Zwiebel und Knoblauch hacken. Von den Sepien die
Köpfe abtrennen, größere Sepien in Streifen schneiden und
mit den abgetrennten Köpfen und den Scampi in 1 EL Öl von
jeder Seite etwa 1 Minute anbraten. Alles bis auf die Sepien-
köpfe aus der Pfanne nehmen, in Alufolie im Ofen warm halten. 1 EL Öl in die Pfanne geben, Paprika und Bohnen anbraten,
aus der Pfanne nehmen. Jetzt Zwiebeln, Knoblauch und Reis in
der Pfanne glasig dünsten.
2 Den Fischfond mit Tomatenmark mischen und zum Reis geben. Safran und Paellagewürz hinzufügen, alles bei mittlerer
Hitze etwa 20 Minuten garen. Der Reis soll leicht gebunden,
aber trocken sein, nicht feucht-breiig. Eventuell dennoch etwas
Brühe nachgießen. Wichtig: Nur oberflächlich rühren, leichtes
Anbrennen am Boden ist erwünscht für die Kruste.
3 Erbsen und angebratenes Gemüse unter den Reis rühren,
5 Minuten weitergaren. Dann Scampi und Sepien auf den Reis
legen und mit Deckel etwa 5 Minuten stehen lassen. Zum Servieren nach Belieben noch etwas Öl über die Paella geben.

Die Zutaten für dieses ehemals bäuerliche Essen lassen sich
fast unendlich variieren. Statt der Sepien ist auch jeder feste
Fisch geeignet. Hühnerkeulen passen auch, ebenfalls gewür-
feltes Fleisch. Beides bleibt aber nach dem Anbraten in der
Pfanne und gart mit dem Reis. Oder man nimmt nur Gemüse. Statt Safran gehen auch Paprika und Kurkuma.

Zutaten für 4 Portionen **Zeit** 60 Min.
Nährwert 550 kcal, 30 g E, 18 g F, 62 g KH, 6 g B

1 kleine rote Paprikaschote

100 g grüne Bohnen

1 mittlere Zwiebel

2 Knoblauchzehen

200 g Sepien (Tintenfische) egal
welcher Größe, möglichst mit Kopf

12 große rohe Scampi

4–5 EL Öl

300 g Risottoreis

500 ml Fischfond (oder Brühe)

1 EL Tomatenmark

1 Döschen Safran oder spanisches
Paellagewürz

100 g Erbsen, tiefgefroren

Salz, Pfeffer

Fleisch und Geflügel

Ein Schmortopf voller Pluspunkte: praktisch, preiswert und fettfrei geschmort mit einer Sauce auf Zwiebelbasis, also ganz ohne Mehl. Das alles macht sich fast von allein. Rotwein, Oliven und Thymian sorgen für das provenzalische Ambiente.

Schmortopf Mont Ventoux

1 Fleisch von dem Fett, aber nicht den Sehnen befreien, würfeln (etwa 3 cm Kantenlänge). Zwiebeln sehr klein schneiden, ohne Fett oder zusätzliche Flüssigkeit in einen Topf (2 bis 2,5 Liter Inhalt) geben. Fleisch, Lorbeerblatt und Thymian zufügen. Alles kräftig salzen und pfeffern, dann ohne Rühren oder Bräunen bei niedriger Hitze zugedeckt garen. Das dauert je nach Fleischqualität und gewünschtem Biss 1,5 bis 3 Stunden.
2 Inzwischen den Wein in einem kleinen Topf offen sirupähnlich einkochen. Das dauert etwa 30 Minuten.
3 Wenn das Fleisch die gewünschte Konsistenz fast erreicht hat, Möhren und Kartoffeln schälen und würfeln (etwa 2 cm Kantenlänge). Zuerst die Möhren mit Oliven in den Topf geben, 5 Minuten später auch die Kartoffeln. Zugedeckt noch etwa 10 Minuten garen, den eingekochten Wein untermischen. Mit Salz und Pfeffer, eventuell Sardellenpaste abschmecken. Aromatischer und runder wird die Sauce, wenn man noch 2 EL Butter oder Olivenöl untermischt.

Rinderhesse sollte pro Kilo möglichst nur 200 g Knochen haben. Sie können sie mitschmoren und herausfischen oder mit Suppengrün zu einer Brühe aufkochen (Seite 204).

À la camarguaise: Kartoffeln weglassen, 3 Knoblauchzehen und 2 TL getrocknete Kräuter der Provence mitschmoren, zusätzlich mit 1 bis 2 TL Sardellenpaste würzen.

À la marocaine: Mit Lammkeule schmoren, aber ohne Wein und Oliven zubereiten. Zum Schluss 100 bis 150 g getrocknete Aprikosen mitköcheln lassen, mit 2 bis 3 TL Ras el-Hanout oder Kreuzkümmel und Paprika würzen.

Zutaten für 4 Portionen **Zeit** 3 Std., 30 Min. aktiv
Nährwerte 685 kcal, 46 g E, 27 g F, 23 g KH, 5 g B
•--

1 kg Rinderhesse mit wenig Knochen (Beinscheibe aus der Unterkeule)

500 g Gemüsezwiebeln

1 Lorbeerblatt

1 EL getrockneter Thymian

500 ml kräftiger Rotwein, möglichst 14 % Vol.

300 g Möhren

300 g Kartoffeln

50 g gekräuterte schwarze Oliven

1 TL Sardellenpaste (optional)

2 EL Butter oder Olivenöl (optional)

Salz, Pfeffer

Für dieses nordafrikanische Gericht müssen Sie nur ein wenig Fleisch und Gemüse anbraten. Wir nehmen Lammfilet, mit Hühnchen geht es genauso gut. Auch die Würze lässt sich variieren. Hauptsache, die Couscouskörner nehmen den aromatischen Fleisch-Gemüse-Saft auf.

Schneller Couscous mit Filet

1 Getrocknete Tomaten in feine Streifen schneiden – sehr trockene Exemplare vorher kurz mit 125 ml Wasser und 1 EL Essig aufkochen und etwas stehen lassen. Kräuter waschen, trocken schütteln, die Blättchen grob hacken.

2 Zucchini in kleine Würfel schneiden. Zwiebel und Knoblauch sehr klein schneiden. Das Fleisch in dünne Streifen schneiden, mit den Zwiebelstücken in etwas Öl in einem Topf anbraten, nach etwa 3 Minuten auch den Knoblauch zugeben und glasig braten.

3 Die Zucchiniwürfel in den Gemüsetopf geben und weitere 5 Minuten braten. Dann Brühe oder Wasser mit den getrockneten Tomaten, dem Couscous sowie Kräutern und Gewürzen dazugeben, alles untermischen und einmal kurz aufkochen. Von der Heizquelle nehmen, bei geschlossenem Deckel 5 Minuten ziehen lassen.

Auch Möhren machen sich hier gut, ebenso Paprikaschoten, frische Tomaten oder Kichererbsen aus der Dose.

Das Gericht schmeckt auch mit Reis, kocht dann aber mindestens 20 Minuten und braucht eventuell mehr Flüssigkeit. Blitzschnell geht es mit Nudeln vom Vortag.

Zutaten für 4 Portionen **Zeit** 25 Min.
Nährwert 440 kcal, 28 g E, 17 g F, 42 g KH, 4 g B

4 halbe getrocknete Tomaten

1 Bund Kräuter wie Petersilie oder Koriander

500 g Zucchini

1 mittlere Zwiebel

2 Knoblauchzehen

300 – 400 g Lammlachs, -filet oder -keule

2 – 3 EL Öl

250 ml Brühe (oder Wasser)

200 g Couscous

2 – 3 TL Gewürze wie Ras el-Hanout, Paprika, Kreuzkümmel, Harissa, Zimt, Chili

Salz, Pfeffer

Kurz angebraten bleibt Kaninchenfilet schön zart. Dazu passt die Pilzsauce, aromatisiert mit frischem Knoblauch, Curry und einem Hauch Sardellenpaste. Ein edles und trotzdem schnelles Gericht, das auch gut mit Hähnchenfilet geht. Dazu passt das Bulgur-Risotto mit grünem Spargel (Seite 24).

Kaninchen in Pilz-Sahne-Sauce

1 Das Kaninchenfilet gegebenenfalls über Nacht im Kühlschrank auftauen. Das Fleisch trocken tupfen und in Würfel schneiden, ähnlich wie Gulasch. Die Shiitake oder anderen Pilze trocken abbürsten, die Stiele abschneiden und zusammen mit der gehäuteten Schalotte sehr klein hacken (am besten kurz im Mixer). Die Pilzköpfe halbieren, zur Seite legen.

2 Den Ofen auf 50 °C (Ober-/Unterhitze) vorheizen. Je 1 EL Öl und Butter in der Pfanne erhitzen, das Fleisch kurz von allen Seiten jeweils 2 Minuten anbraten. Es sollte auf Fingerdruck noch leicht nachgeben und sich elastisch anfühlen. Das Fleisch aus der Pfanne nehmen und im Ofen warm stellen. Eventuell noch 1 EL Öl in die heiße Pfanne geben, die Pilzköpfe darin etwa 2 Minuten darin anbraten. Zum Fleisch geben.

3 Den Mix aus Schalotte und Pilzstielen in die Pfanne geben, andünsten und mit dem Portwein ablöschen. Die Sahne darübergießen und alles einkochen, bis sie dickflüssig ist. Eventuell mit 1 oder 2 EL Brühe noch einmal aufkochen.

4 2 EL kalte Butter unter Köcheln unterrühren. Sauce salzen, pfeffern und mit der Gabel aus der geschälten Knoblauchzehe etwas frischen Saft kratzen. 1 Prise Curry und die Sardellenpaste dazugeben, nach Belieben noch 1 bis 2 TL Zitronensaft. Wichtig: Die Sauce nicht noch einmal erhitzen, sondern gleich über Fleisch und Pilze geben. Dazu passen knuspriges Baguette, Reis oder Nudeln, vielleicht auch ein Salat.

Saucen ohne Mehl schmecken intensiver. Bindung geben hier Sahne und kalte Butter. Angst vor Kalorien? Die Sauce ist so intensiv und gehaltvoll, dass man mit wenig zufrieden ist.

Zutaten für 4 Portionen **Zeit** 25 Min.
Nährwert 460 kcal, 22 g E, 38 g F, 4 g KH, 3 g B

400 g Kaninchenfilet, frisch oder gefroren

200 g Shiitakepilze (oder andere Pilze wie Champignons, Kräuterseitlinge)

1 Schalotte

2 EL Öl

3 EL Butter

2 EL Portwein

150 g Sahne

1 – 2 EL Brühe (optional)

1 Knoblauchzehe

1 Prise Curry

1 Msp. Sardellenpaste

1 – 2 TL Zitronensaft (optional)

Salz, Pfeffer

Balsamico-Hähnchen

Was für den Maler die Leinwand ist, ist Geflügel für den Koch, meinte einst der französische Gourmet Brillat-Savarin – also eine Basis für Kreativität, für verschiedenste Saucen. Diese mit sanftem Balsamico wird durch eine Extraportion Butter schön sämig.

Zutaten für 4 Portionen **Zeit** 20 Min.
Nährwert 330 kcal, 30 g E, 19 g F, 2 g KH

4 Knoblauchzehen

4 Hühnerbrustfilets (etwa 500 g)

1 – 2 EL Olivenöl

100 ml Weißwein (oder Apfelsaft)

40 – 50 ml dunkler Balsamico

125 ml Hühnerbrühe

1 EL Tomatenmark

50 g kalte Butter

Salz, Pfeffer

1 Backofen auf 50 °C (Ober-/Unterhitze) vorheizen. Knoblauchzehen häuten, sehr klein schneiden. Größere Hühnerfilets in mundgerechte Stücke schneiden. Mit dem Öl von beiden Seiten je 2 Minuten scharf anbraten.
2 Die goldbraun angebratenen Stücke aus der Pfanne nehmen und im Ofen warm stellen. Den Knoblauch in derselben Pfanne kurz andünsten, dann mit Wein, Balsamico und Brühe ablöschen, Tomatenmark unterrühren.
3 Die Sauce noch einige Minuten etwas einköcheln lassen. Von der Heizplatte ziehen, die kalte Butter in kleinen Stückchen unterrühren. Nicht noch einmal erwärmen. Über die Hühnerstücke geben und sofort servieren. Dazu schmeckt Rosenkohl, gedämpft oder aus der Pfanne (Seite 89).

Zur Sauce passt statt Butter auch Sahne (50 bis 100 g heiß dazugeben) sowie etwas frischer Estragon, den man aber erst zum Schluss dazugibt.

146

Saftiges Kräuterhähnchen

Mehr gedünstet als gebraten wird das Fleisch schön saftig und schmeckt intensiv nach Kräutern, die man vorher unter die Haut geschoben hat. Das kostet zwar etwas Zeit, aber es lohnt sich.

Zutaten für 4 Portionen **Zeit** 70 Min., 25 aktiv
Nährwert 350 kcal, 32 g E, 21 g F, 4 g KH

4 Hähnchenschenkel (oder 12 Unterkeulen)

1–2 EL Paprika edelsüß

2 Bund Petersilie (oder etwas Estragon)

4–5 Stiele Thymian (optional)

1–2 EL Olivenöl

150 ml Sahne

Salz, Pfeffer

1 Hühnerschenkel am Gelenk zerteilen, Haut mit einem Finger oder Löffelstiel lösen, nicht abziehen. Paprika und etwas Salz unter der Haut verteilen. Kräuter waschen, trocken schütteln, Blätter abzupfen, ein Viertel beiseitelegen. Den Rest dicht an dicht unter die Haut schieben. Die Haut mit Zahnstochern oder Küchengarn fixieren. Mit Salz und Paprika bestreuen.
2 Öl in einer großen Pfanne erhitzen, die Hähnchenteile hineinlegen, etwa 100 ml Wasser zugießen und zugedeckt bei niedrigster Hitze 45 Minuten garen, eventuell auch länger. Das Fleisch soll sehr weich werden. Bei Bedarf etwas Wasser nachgießen.
3 Die Hähnchenteile herausnehmen, im Ofen bei 50 °C warm halten. Das Fett in der Pfanne abgießen, Bratensatz mit etwa 200 ml Wasser ablöschen, Sahne dazugießen und mit den restlichen Kräutern etwas einkochen lassen. Abschmecken, über die Hähnchenteile geben. Dazu passen körniger Reis, Salat oder Baguettebrot.

Nur zwei Zutaten machen hier aus einem recht alltäglichen Gericht ein kleines Festessen. Madeira als Saucenzugabe ist im Süden nicht umsonst so beliebt. Der getrocknete Oregano gibt dem cremigen Spinat eine überraschende Note.

Hühnerschenkel mit Madeira und Oreganospinat

1 Die Hähnchenschenkel mit Salz, Pfeffer und Paprika einreiben, mit Öl in einer Pfanne mit Deckel rundherum anbraten und bei niedrigster Hitze zugedeckt etwa 30 Minuten garen. Die Alternative: im vorgeheizten Ofen bei 180 °C (Ober-/Unterhitze).

2 Den Spinat auftauen (Mikrowelle/Herd), gut ausdrücken. Inzwischen den Speck erst in Scheiben und dann in etwa 5 mm starke Streifen schneiden. Die Zwiebel häuten und klein schneiden, in einem Topf mit der Butter und den Speckstreifen etwa 5 Minuten glasig dünsten. Den Spinat dazugeben und mit Deckel bei kleinster Hitze etwa 15 Minuten garen. Zum Schluss die Crème fraîche mit dem Oregano unterrühren, kurz erhitzen, mit Salz, Pfeffer und Muskatnuss abschmecken. Falls das Gemüse sehr flüssig ist, mit etwas Ricotta, Sahnequark oder Zucchinisauce binden.

3 Die Hühnerbeine aus der Pfanne nehmen, den Bratensatz mit Madeira ablöschen. Mit Salz und Pfeffer abschmecken, etwas Fond oder Brühe und 2 bis 3 EL Sahne dazugeben. Kurz aufkochen. Die Hühnerbeine mit dem Spinat servieren, die Sauce über Geflügel und Beilage geben.

Auch gut: Etwa 100 g fein geschnittene Champignons in die Sauce geben.

Zutaten für 4 Portionen **Zeit** 45 Min., 20 aktiv
Nährwert 545 kcal, 4 g E, 36 g F, 15 g KH, 5 g B

4 Hähnchenschenkel (oder 12 Unterkeulen)

1 EL Paprika edelsüß

1 EL Olivenöl

800 g Blattspinat, tiefgefroren

100 g durchwachsener Räucherspeck

1 mittlere Zwiebel

20 g Butter

150 g Crème fraîche

1 EL getrockneter Oregano

2 Msp. Muskatnuss

100 g Ricotta, Sahnequark oder Zucchinisauce von Seite 202 (optional)

60 ml Madeira (oder Marsala)

2–3 EL Sahne

2–3 EL Geflügelfond oder Brühe

Salz, Pfeffer

Hier war Fleisch schon immer bio

Hühner, Enten, Kaninchen – das alles kommt in der Provence traditionell auf den Teller. Auch Lamm gehört oft zum Menu und ist im Idealfall auf Weideflächen voller Rosmarin und Thymian aufgewachsen.

Lämmer kommen unter anderem vom Hochplateau am Mont Ventoux, und sie benötigen reichlich Auslauf. Ähnlich wie Zicklein, für die man ebenfalls viel Land braucht, um sie gut zu ernähren. Auch Wild hat Tradition. In dem pittoresken Malerort Gordes soll es früher nur ein Restaurant gegeben haben. Es öffnete nur im Herbst, wenn die Jäger ihre Beute brachten. In Carpentras geht man noch heute durch die Vogelgasse, wo frisch geschossene Vögel verkauft wurden. Das ist heute in der Provence Geschichte.

Berühmt sind die schwarzbeinigen Noir de Bigorre oder Pata-Negra-Schweine, die in den französischen Pyrenäen und in Spanien wie die Kühe draußen leben und dabei vor allem Eicheln futtern. Schon früher war Rind- und Kalbfleisch, das eher im Norden Frankreichs populär ist, in der Provence selten. Zur traditionellen Lebensweise gehört das Rindvieh nicht.

Die Fleischauswahl unserer Rezepte ist eher traditionell. Es gibt viel Lamm, das bei uns leicht zu bekommen ist. Beim Rezept mit Rotweinbeize (Seite 167) kann es ersatzweise Wild sein. Auch sonst sind die Rezepte flexibel: Kaninchen, das man in hiesigen Läden manchmal suchen muss, können Sie durch Geflügel ersetzen. Der höhere Fettanteil eines Bio-Huhns, bei langsamer Aufzucht und viel Bewegung ehrlich erworben, hat dabei einige kulinarische Vorteile.

Schwein und Rind kommen in diesem Buch eher deftigrustikal auf den Tisch. Der Schmortopf stammt aus der Tradition von Stiergerichten. Mit Bäckchen verwenden wir wohlschmeckende Teile, die hierzulande bevorzugt in der

Wurstverarbeitung landen. Weil sie keiner kauft – und das ist so, weil sie kaum angeboten werden. Schade, dass das Supermarktangebot so begrenzt ist. Schweineschulter für einen Braten ist wunderbar saftig, preiswert, aber kaum zu bekommen.

Wie alle tierischen Lebensmittel bietet Fleisch hochwertiges Eiweiß. Weiter wichtig sind B-Vitamine und Eisen, vor allem in dunklem Fleisch. Das kalorienreiche Fett ist vielfach – vor allem beim Schwein – herausgezüchtet worden. Kulinarisch ist das kein Gewinn, mit dem Aromaträger Fett schmeckt es besser. Schneiden Sie es erst nach dem Braten ab. Geflügel ist generell günstiger für unsere Ernährung, denn je weicher das Fett, desto mehr gesunde Fettsäuren enthält es (gut von Gänse und Enten).

Am wichtigsten ist es, das Fleisch gut zu kühlen: Ideal wären 0 °C, bei 5 °C verdirbt Fleisch schon doppelt so schnell. Oft ist es in Kühlschränken noch wärmer, zumindest stellenweise. Und Achtung bei verpacktem Fleisch: Es schafft das aufgedruckte Verzehrsdatum nur bei 0 bis 2 °C.

Nichts ist praktischer als ein Braten, der nach zwei Stunden im Ofen saftig und punktgenau gegart auf den Tisch kommt. Das machen die ungewohnt niedrigen Temperaturen. Für eine knusprige Kruste kommt dieser noch kurz unter den Grill. Er schmeckt warm und kalt.

Kalbsbraten mit Kräuterkruste und Mangoldstampf

1 Fleisch 90 Minuten vorher aus dem Kühlschrank nehmen. Ofen auf 80 °C (Ober-/Unterhitze) vorheizen. Fleisch rundherum salzen, kräftig pfeffern, auf jeder Seite etwa 2 Minuten mit Öl scharf anbraten. In einem offenen feuerfesten Gefäß 2 Stunden in den Ofen geben. Die Türe zwischendurch nicht öffnen!
2 Thymian und Rosmarin waschen, trocken schütteln, Blätter und Nadeln abzupfen. Knoblauch kurz in wenig Wasser aufkochen, häuten. Knoblauch und Rosmarin grob hacken. Alles mit 3 bis 4 EL Öl von den Tomaten mit dem Eiweiß fein pürieren. Die getrockneten Tomatenhälften würfeln, mit den gemahlenen Mandeln unterrühren, nach Wunsch dazu auch gehackte Mandeln. Mit Salz und Pfeffer abschmecken.
3 Die Kartoffeln mit Schale 25 Minuten kochen. Die Mangoldstiele von den Blättern abschneiden, beide getrennt in 2 bis 3 cm breite Streifen schneiden. Die länger garenden Stiele mit 1 EL Öl und 2 bis 3 EL Wasser zugedeckt gar dünsten. Dann Tomatenmark unterrühren und salzen. Die Blätter in einem anderen Topf mit den gestückelten Zwiebeln in 1 EL Öl anbraten, mit etwas Wasser 5 bis 7 Minuten zugedeckt dünsten. Die Kartoffeln abgießen, zügig pellen, fein oder eher grob stampfen. Die Milch erhitzen, unter den Kartoffelstampf rühren, dann die Butter, schließlich Mangoldblätter unterheben, salzen und pfeffern.
4 Den Braten mit der Kräuterpaste bestreichen und wenige Minuten unter den Grill geben. Wie lange, unterscheidet sich je nach Ofen: Die Kruste soll knusprig, aber nicht schwarz werden. Den Braten aufschneiden und mit dem Mangoldstampf sowie den weiß-roten Stielen servieren.

Zutaten für 6 Personen **Zeit** 2,5 Std., 45 Min. aktiv
Nährwert 425 kcal, 32 g E, 21 g F, 25 g KH, 7 g B

750 g Tafelspitz vom Kalb

2 EL Olivenöl

2 große Bund Petersilie

je 1 Bund Rosmarin und Thymian

3–4 Knoblauchzehen

6–8 getrocknete Tomaten in Öl

1 Eiweiß

50 g gemahlene Mandeln, optional: 20–30 gehackte Mandeln

Salz, Pfeffer

Mangoldstampf

750 g Kartoffeln

750 g Mangold (1 mittlere Staude)

2 EL Olivenöl

2 EL Tomatenmark

1 mittlere Zwiebel

250 ml Milch

20 g Butter

Salz, Pfeffer

Südspanien ist seine Heimat, Eicheln sind sein Futter: Vom Pata-Negra-Schwein kennen wir vor allem den hocharomatischen Schinken. Die Bäckchen sind ein Hochgenuss und nicht teuer. Man muss sie nur finden, meist auch vorbestellen. Ersatzweise geht Beinscheibe vom Rind.

Pata-Negra-Bäckchen mit weißen Bohnen

1 Zwiebel und Knoblauch schälen, in sehr kleine Stückchen hacken. Die Zwiebel in einem Topf mit 1 EL Öl glasig andünsten, den Knoblauch kurz mitschmoren. Gestückelte Tomaten mit Kräutern und Safran dazugeben, alles kurz aufkochen.
2 Die Schweinebäckchen so zerteilen, dass man die Stücke auf dem Teller noch einmal zerschneiden kann. Salzen und mit 1 bis 2 EL Öl rundherum scharf anbraten. Den Rotwein dazugeben und einkochen.
3 Den Pfanneninhalt zur Tomatensauce geben, eventuell mit 1 bis 2 EL Wasser verflüssigen. Auf kleinster Flamme etwa 45 Minuten mit Deckel köcheln lassen, eventuell auch länger, wenn man es butterweich haben möchte. Rinderbeinscheibe braucht etwa doppelt so lange.
4 Inzwischen die weißen Bohnen abgießen, die Flüssigkeit zurückbehalten. In einer Pfanne Thymianblättchen mit 1 EL Olivenöl kurz anschmoren, die weißen Bohnen tropfnass dazugeben, eventuell mit etwas Aufgussflüssigkeit. Alles erhitzen, mit Salz und Pfeffer abschmecken.
5 Wenn das Fleisch gar ist, nach Bedarf noch etwas Aufgussflüssigkeit der Bohnen zur Sauce geben, das macht sie sämiger. Ebenfalls abschmecken. Mit den Bohnen servieren.

Schweinebäckchen, die man hierzulande üblicherweise bekommt, sind weniger gut geeignet. Da ist die Beinscheibe vom Rind der bessere Ersatz.

Zutaten für 4 Portionen **Zeit** 75 Min., 30 aktiv
Nährwert 410 kcal, 40 g E, 16 g F, 23 g KH, 11 g B

1 mittlere Zwiebel

1 Knoblauchzehe

3–4 EL Olivenöl

400 g gestückelte Tomaten (Dose)

1–2 TL Bohnenkraut getrocknet

1–2 TL Kräuter der Provence

1–2 Döschen Safran (je 0,1 g)

500 g Schweinebäckchen (oder Rinderbeinscheibe)

100 ml Rotwein

600 g weiße Bohnen (Dose)

4 Stiele Thymian (oder ½ TL getrockneter)

Salz, Pfeffer

Eine aromatische Kräuterkruste, darunter sanft ge-
schmortes Fleisch auf etwas Tomatensauce und dazu
reichlich Gemüse, das es gerade auf dem Markt gibt.
Auch Kohl eignet sich als schnelle Beilage.

Kräuterfilet mit Kohl-Karotten

1 Den Ofen auf 200 °C (Ober-/Unterhitze) vorheizen. Vom Kohl
die äußeren Blätter entfernen, die inneren voneinander lösen,
Strünke und dicke Rippen heraustrennen. Die Blätter in 2 bis
3 cm schmale Streifen schneiden. Die Karotten waschen, schälen und in Scheiben schneiden.

2 Für die Kräuterkruste die Petersilie waschen, trocken schütteln, die Blätter hacken. Das Eiweiß gut aufschlagen, mit dem
Mehl, 1 EL Öl, Mandeln, getrockneten Kräutern, Fenchelsamen
und Petersilie zu einer streichfähigen Paste rühren, salzen,
pfeffern. Wer mag, drückt eine Knoblauchzehe hinein.

3 Für das Kräuterfilet das Fleisch in vier Stücke teilen, mit
1 EL Öl in einer Pfanne auf beiden Seiten jeweils 2 Minuten anbraten. In ein feuerfestes Gefäß oder auf Folie legen, mit der
Paste bestreichen, in den Ofen geben und etwa 10 Minuten bei
voller Hitze backen. Dann den Ofen ausstellen, die Backofentür
kurz öffnen, damit die Temperatur im Inneren des Ofens deutlich sinkt. Die Tür wieder schließen und das Fleisch im Ofen
ruhen lassen, bis das Gemüse fertig ist.

4 Für das Gemüse Karotten mit dem Kohl in 1 EL Butter kurz
anbräunen, Thymian und 100 ml Wasser dazugeben, salzen.
Einmal kurz aufkochen, mit Deckel bei niedriger Hitze 7 Minuten garen, eventuell etwas Flüssigkeit zugeben.

5 Die Tomatenmarksauce mit 1–2 EL Öl und etwas Wasser erhit-
zen, glatt rühren. Vor dem Servieren 1 EL kalte Butter in kleinen
Stücken darunterziehen. Je 2 EL Sauce auf den Teller geben, das
Fleisch darauf und das Kohlgemüse daneben. Den im Ofen ent-
standenen Fleischsaft über das Gemüse gießen. Dazu passen
Gnocchi, gedämpfte Kartoffeln (Seite 92) oder Polenta (Seite 115).

Zutaten für 4 Portionen **Zeit** 40 Min.
Nährwert 425 kcal, 32 g E, 25 g F, 10 g KH, 8 g B

750 g Weißkohl (500 g geputzt)

250 g Karotten

60 g Petersilie

1 Eiweiß

1 TL Mehl

3–4 EL Olivenöl

50 g gemahlene Mandeln

1 EL Kräuter der Provence

1 EL Fenchelsamen (oder 1 Beutel
Fencheltee)

1 Knoblauchzehe (optional)

500 g Filet vom Lamm, Schwein oder
Huhn

2 EL Butter

1 TL getrockneter Thymian

2 EL Tomatenmarksauce, siehe
Seite 203 (oder 2 EL Tomatenmark
plus je 1 EL Brühe und Öl)

Salz, Pfeffer

Außen knusprig, innen leicht rosa – so soll Entenbrust
sein. Das Garantierezept: Die Fetthaut langsam gründlich
ausbraten, von der anderen Seite nur noch kurz anbraten.
So lässt sich das Fleisch auch einige Zeit warm halten.

Entenbrust mit Birne und Bratkartoffeln

1 Von der Unterseite der Entenbrust die sogenannte Silberhaut mit einem spitzen Messer entfernen. Das überstehende Fett am Rand abschneiden, beiseitelegen. Die Fetthaut bis aufs Fleisch über Kreuz in Rhomben schneiden – je kleiner, desto mehr Fett brät aus. Kartoffeln schälen, längs halbieren und in Scheiben schneiden.

2 Die Entenbrust mit der Fetthaut nach unten in eine warme Pfanne legen, bei mäßiger Hitze (Stufe 3 bei 9 Stufen) das Fett ausbraten. Es soll möglichst viel herausbraten, nicht bräunen. Die Haut soll knusprig werden, aber nicht verbrennen. Das dauert 20 Minuten und mehr.

3 In einer zweiten Pfanne das abgeschnittene Randfett ausbraten, die Kartoffelscheiben hineinlegen, bei mittlerer Hitze ohne Wenden anbraten. Nach etwa 5 Minuten die Pfanne zudecken, auf kleinster Stufe garen lassen.

4 Das ausgebratene Entenfett wegkippen. Entenbrust von der anderen Seite 1 bis 2 Minuten heiß anbraten. In Alufolie im Ofen bei 50 °C warm halten, frühestens nach 10 Minuten aufschneiden. 30 Minuten später geht auch noch gut.

5 Birne ungeschält vierteln, entkernen, fächerförmig aufschneiden. In der Entenbrust-Pfanne mit je 1 EL Honig und Balsamico bei mittlerer Hitze anbraten, eventuell etwas Entenfett dazugeben. Alles beim Servieren salzen und pfeffern. Dazu passt Zwiebelconfit (Seite 203).

Quitten ungeschält vierteln, Kerngehäuse herausschneiden, fächern, schon zu den Bratkartoffeln in die Pfanne geben.

Zutaten für 4 Portionen **Zeit** 60 Min., 40 aktiv
Nährwert 410 kcal, 36 g E, 17 g F, 26 g KH, 5 g B

2 große Entenbrüste, je 350 g (oder 4 kleine)

500 g Kartoffeln

1 große Birne (oder Quitte)

1 EL Honig

1 EL heller Balsamico

Salz, Pfeffer

Lammfilet oder auch Lammlachse eignen sich bestens zum Kurzbraten. Geschroteter Pfeffer gibt hier rundherum Schärfe. Und die Sauce bekommt eine Extraportion Aroma durch Kaffee und etwas Schokolade.

Pfeffriges Lammfilet mit Kaffee-Rotweinsauce

1 Den Ofen auf 50 °C (Ober-/Unterhitze) vorheizen. Lammlachse mit einem spitzen Messer von Sehnen und Silberhäuten befreien (parieren). In Portionsstücke schneiden, in der heißen Pfanne mit 1 EL Öl von jeder Seite 1 bis 2 Minuten scharf anbraten. In ein feuerfestes Gefäß umfüllen, im Ofen warm halten.

2 Die Schalotte schälen, sehr fein schneiden, in der Fleischpfanne in 1 EL Öl glasig andünsten. Fond und Rotwein dazugeben und etwa 15 Minuten köcheln lassen.

3 Inzwischen die Zucchini waschen und in fingergroße Stücke schneiden. In einer zweiten Pfanne mit 1 EL Öl schnell von allen Seiten etwa 2 Minuten scharf anbraten. Salzen, pfeffern, aus der Pfanne in einem zweiten Gefäß in den Ofen geben.

4 Semmelbrösel, zerstoßenen Pfeffer und Mehl für die Kruste verrühren. Eier in einer zweiten Schüssel schön flüssig schlagen (Stabmixer). Das vorgebratene Fleisch aus dem Ofen nehmen und doppelt panieren: durchs Ei ziehen, dann durch die Brösel, dann das Ganze wiederholen. In 2 EL Öl knusprig braten.

5 Den Kaffee zur Rotweinsauce geben, 1 bis 2 Minuten köcheln lassen, mit 1 TL Tomatenmark binden und die Schokolade zur Geschmacksabrundung hineinreiben. Durch ein Haarsieb gießen, um den Kaffee zu entfernen, noch einmal kurz aufkochen, mit Butter und Salz abschmecken.

6 Die gepfefferten Filetportionen mit der Sauce und den Zucchini servieren. Dazu passen gedämpfte Kartoffeln (Seite 92) oder Gnocchi.

Zutaten für 4 Portionen **Zeit** 35 Min.
Nährwert 480 kcal, 33 g E, 31 g F, 13 g KH, 2 g B

500 g Lammfilet oder -lachse

4 EL Olivenöl

1 Schalotte

50 ml Fond (oder Brühe)

100 ml Rotwein

400 g Zucchini

2 EL Semmelbrösel

1 EL zerstoßene Pfefferkörner

1 EL Mehl

2 Eier

1 TL gemahlener Kaffee

1 TL Tomatenmark

5 g sehr dunkle Schokolade

2 EL Butter

Salz, Pfeffer

Wenn Zimt, Muskat, Kreuzkümmel und Zitrone dabei sind, werden aus Hackbällchen orientalisch angehauchte Kefte. Sie backen zusammen mit dem Gemüse im Ofen. Das ist praktisch und das Aroma des Orients erreicht so auch Paprikaschoten und Möhren.

Kefte mit Ofengemüse

1 Ofen auf 200 °C (Ober-/Unterhitze) vorheizen, ein Blech mit hohem Rand (Fettpfanne) mit Backpapier auslegen. Für die Kefte Zwiebeln sehr klein hacken. Petersilie waschen, trocken schütteln, die Blätter sehr klein schneiden. Alles mit Hack, Ei, gepressten Knoblauchzehen, Gewürzen und Zitronensaft gründlich vermengen. Mit Salz und Pfeffer abschmecken, kleine Bällchen (etwa 4 cm Durchmesser) formen.

2 Das Gemüse waschen. Zuerst kommen die robusten Gemüse in den Ofen: Möhren schälen, größere in der Mitte durchschneiden, längs vierteln. Zwiebeln häuten, vierteln oder achteln. Vom Fenchel Stielansatz und Grün entfernen, eventuell auch harte Außenhaut (Sparschäler). Achteln, dabei den Stielansatz nur wenig herausschneiden – der Fenchel soll nicht auseinanderfallen. Selleriestangen oben und unten kappen, 3- bis 4-mal durchteilen: Von innen anschneiden, auseinanderbrechen, Fäden herausziehen, härtere Stangen schälen .

3 Das Gemüse in einer Schüssel mit 2 EL Öl, Salz und gehacktem Rosmarin mischen. Auf dem Blech verteilen, in den Ofen schieben. Nach 15 Minuten das Gemüse wenden, die Hackbällchen darauflegen, noch einmal 15 Minuten backen.

4 In der Zwischenzeit Paprikaschoten entkernen, in grobe Stücke schneiden, in der Schüssel in dem restlichen Öl wenden. Die Zucchini in schräge Scheiben (etwa 1,5 cm dick) schneiden, auch im Öl wenden, salzen, kräftig pfeffern. Beide Gemüse mit den Tomaten ebenfalls auf das Blech geben. Noch einmal 15 Minuten backen. Kefte mit Gemüse und dazu Baguette servieren.

Zutaten für 4 Portionen **Zeit** 60 Min., 30 aktiv
Nährwert 340 kcal, 31 g E, 19 g F, 11 g KH, 8 g B.

2 mittlere Zwiebeln (ca. 150 g)

1 großes Bund Petersilie

500 g Lammhack

1 Ei

2 Knoblauchzehen

½ TL Rosenpaprika scharf

½ TL Muskat

1 TL Zimt

1 TL Kreuzkümmel

½ Zitrone, ausgepresst

750 – 1000 g Gemüse: zum Beispiel 3 mittlere Möhren, 2 mittlere Zwiebeln, 1 Fenchelknolle, 4 Selleriestangen, 1 – 2 Paprikaschoten, 1 Zucchini, 3 – 4 mittlere oder 12 kleine Tomaten

3 EL Olivenöl

3 – 4 Stiele Rosmarin (oder 1 TL getrockneter)

Salz, Pfeffer

Wein und andere Wohltäter

Im Süden haben Trauben Tradition. Als Wein oder gar Champagner begleiten sie jedes Menü. Rotwein zum Käse klingt klassisch. Je nach Käsesorte sind aber andere Weine besser.

Von Venasque aus sieht man hinüber zum Dörfchen Château-Neuf-du-Pape, einem ehemaligen Sitz der Päpste, heute bekannt vor allem durch seinen weltberühmten Wein. Das ist ein eher schwerer Rotwein, den Christian Soehlke zu deftigen Gerichten wie Ochsenbäckchen oder Wild empfiehlt.

Aus der Gegend dort kommt auch der Beaumes de Venise, ein heller, fruchtig-süßer Wein mit sat-

ten 15 % Alkohol. Er wird oft zum Aperitif gereicht oder als Vorspeise in Cavaillon-Melone serviert. Kurzrezept: Melone halbieren, Kerne raus, Wein rein. Eine fast obligatorische Aperitif-Alternative ist der Pastis, der berühmte Anisschnaps aus wildem Fenchelkraut. Man serviert ihn besonders gerne mit Eis und Wasser zu den kleinen Amuse-Bouche, die als Entrée noch vor den Vorspeisen den Mund amüsieren.

Schon die alten Griechen sollen lange vor Christi Geburt mit dem Weinanbau in Südfrankreich begonnen haben. Die Päpste waren Jahrhunderte später keine Kostverächter. Johannes XXII. soll sich seinen eigenen Weinberg angelegt haben. Heute werden in Südfrankreich bis hin zur spanischen Küste Weine aller Schattierungen gekeltert, rot, rosé und weiß. Berühmt ist beispielsweise auch der Banyuls, produziert aus überreifen Trauben in dem gleichnamigen Städtchen kurz vor der spanischen Grenze. Und wer das Rhônetal entlangfährt, sieht bis hoch nach Lyon Weinfelder ohne Ende.

Auch wenn es immer wieder diskutiert wird – ein Glas Wein pro Tag tut wohl wirklich gut. Dass Rotwein durch seine antioxidativen Begleitsubstanzen gesünder sei als Weißwein, Bier oder andere Spirituosen – diese Einschätzung lässt sich nicht mehr halten. Weißwein, Likör, ein Verdauungsschnaps – das alles gehört in diesem Sinn zum Thema Gesundheit. Immer vorausgesetzt, der Alkoholkonsum bleibt maßvoll. Dafür sind die Chancen bei einer mediterranen Durchschnittsmahlzeit nicht schlecht. Die hat auch heute oft nur ein, zwei Gänge – und zum Wein für den Genuss wird Wasser als Getränk serviert. Anders als hierzulande sitzt man im Süden dann nicht mehr lange bei Wein beisammen.

Rotwein sollte übrigens nicht wärmer als 18 °C serviert werden. Die Regel mit der Zimmertemperatur stammt aus einer Zeit, als dort 16 bis 18 °C herrschten. Heute fühlen wir uns bei 21 bis 22 °C wohl – für Rotwein entschieden zu warm.

Vorschläge fürs Menü

Bei einem Glas bleibt es kaum, wenn man mehrere Gänge mit Wein begleitet. Das könnte so aussehen:

• als Aperitif trockener Champagner

• zum Fisch herber Weißwein

• zu Geflügel leichter Rotwein

• zu gegrilltem Fleisch eher spritziger Rotwein

• zu Geschmortem schwerer Rotwein

• zu Käse je nach Sorte: frischer Beaujolais zu jungem Käse, auch zu Ziegenkäse; zu den herben Sorten wie Roquefort oder limburgerähnlichem Käse ein schwerer süßer Weißwein; zu Stilton am besten ein Jahrgangs-Portwein, der – so Christian Soehlke – die Aromen im Mund explodieren lässt.

• zum Dessert – immer der letzte Gang – wird im Idealfall gereifter Champagner ausgeschenkt, sonst Süßweine wie Porto, Madeira, Limoncello mit Eis, zu Schokolade alter Banyuls.

Eine Nacht in Rotwein macht Lamm und auch Wild-
fleisch mürber und aromatisch. Schokolade rundet hier
die Sauce zu dem zarten Fleisch aus der Keule ab.

Lammkeule in Rotwein mit Schokolade

1 Das Fleisch mit einem scharfen Messer von den Knochen lösen, überflüssiges Fett und Silberhaut abtrennen. Rotwein über das Fleisch gießen, sodass es mindestens zu dreiviertel bedeckt ist. Ein etwa daumengroßes Stück Orangenschale abtrennen (Sparschäler). Gemüse putzen und in feine Scheiben schneiden. Alles mit dem Bouquet garni und 2 zerdrückten Knoblauchzehen in den Wein geben. Zugedeckt über Nacht stehen lassen.

2 Am nächsten Tag Orangenschale und Bouquet garni herausfischen. Das Fleisch trocken tupfen, in mundgerechte Stücke schneiden, mit dem Öl in einer Pfanne etwa 10 Minuten von allen Seiten scharf anbraten. Weinsud und Gemüse zugeben und so lange köcheln, bis das Fleisch zart ist. Bei Lammkeule reicht eine gute Viertelstunde, bei Stelzen kann es eine Stunde sein.

3 Das Fleisch herausnehmen, den Wein mit dem Gemüse pürieren, auf gut einen Viertelliter einkochen, durch ein Sieb streichen. Erneut kurz aufkochen, die Schokolade hineinreiben. Die Sauce mit Salz, Pfeffer und 2 EL kalter Butter abschmecken, über das Fleisch geben.

4 Die Bohnen schräg in kurze, rautenähnliche Stücke schneiden, in Salzwasser etwa 10 Minuten bissfest garen, abgießen, mit kaltem Wasser abschrecken. Die Gnocchi kurz in kochendes Wasser geben oder mit 1 EL Öl aufbraten, dabei die Bohnen erneut erwärmen. Mit Lamm und Sauce servieren.

Zutaten für 4 Portionen **Zeit** 45 Min. + 1 Nacht
Nährwert 800 kcal, 47 g E, 21 g F, 52 g KH, 4 g B

1 kg Lammkeule oder -stelzen

750 ml Rotwein

1 unbehandelte Orange

400 g Gemüse (je 1 mittlere Möhre, Zwiebel, Selleriestange, etwas heller Lauch)

1 Bouquet garni mit 1 EL Pfefferkörnern und 1 Nelke (siehe Seite 206)

2 Knoblauchzehen

2 EL Öl

5 g sehr dunkle Schokolade

2 EL Butter

750 g breite grüne Bohnen (oder Prinzessbohnen tiefgefroren)

500 g Gnocchi (Fertigprodukt)

Salz, Pfeffer

Linsen haben lauter Vorteile: gut zu kombinieren, lange aufzubewahren, urgesund – und einfach zuzubereiten. Statt Kaninchen kann man für die Kombination auch jedes andere helle Fleisch nehmen.

Kaninchen an Senfsauce mit Linsen

1 Den Ofen mit einer feuerfesten Form auf 80 °C (Ober-/Unterhitze) vorheizen. Kaninchenteile salzen, in einer Pfanne mit 1 EL Butter von allen Seiten insgesamt etwa 10 Minuten anbraten. Dann im Ofen in der Form etwa 30 Minuten weitergaren lassen. In einem Topf die Linsen mit der Brühe und Natron aufkochen, zugedeckt 20 bis 25 Minuten köchelnd bissfest garen, eventuell Flüssigkeit nachgießen.

2 Selleriestangen von innen anschneiden, auseinanderbrechen, Fäden abziehen, in etwa 5 cm lange Stücke schneiden. Lauch gründlich waschen, ebenfalls in Stücke schneiden. Möhren schälen, in Scheiben oder Würfel schneiden. Brokkoli in Röschen teilen.

3 Sellerie und Lauch in 1 EL Öl andünsten, salzen, mit etwa 100 ml Wasser bei niedriger Hitze zugedeckt 5 Minuten garen. Für weitere 5 Minuten Möhren dazugeben, dann für 3 Minuten die Brokkoliröschen.

4 Vor dem Servieren 2 EL Butter in der Kaninchenpfanne erhitzen, das löst die aromatischen Röststoffe. Darin die Crème fraîche mit Senf bei starker Hitze sämig rühren, Fleischsaft aus dem Ofen dazugeben, abschmecken. Die Kaninchenteile mit der Senfsauce servieren, daneben Linsen und Gemüse.

Von Linsen immer mehr kochen. Sie sind gut für Suppen, Salate und lassen sich wie alle Hülsenfrüchte zu Dips pürieren.

Zutaten für 4 Portionen **Zeit** 45 Min.
Nährwert 550 kcal, 22 g E, 24 g F, 40 g KH, 16 g B

4 Kaninchenschenkel, in je 3–4 Teile geteilt (oder 400 g Filet)

3 EL Butter

200 g kleine dunkle Linsen (z. B. Puy-Linsen

600 ml Brühe

1 Msp. Natron (Backsoda)

2 helle Selleriestangen

1 Lauchstange

400 g Möhren

1 großer Brokkoli

1 EL Olivenöl

150 g Crème fraîche

2 gehäufte EL Dijonsenf, möglichst gekörnt

Salz, Pfeffer (optional)

Bei dieser Art von Steak kommt es nicht auf die Minute an.
Im Gegenteil: In schmale Streifen geschnitten wird das Fleisch
in der Pfanne mit der Zeit schön mürbe. Grüner Pfeffer dagegen sorgt für eine spannend-scharfe Abstimmung. Dieses
Gericht lasst sich auch gut im Voraus zubereiten.

Steaksstreifen mit Champignons und grünem Pfeffer

1 Ofen auf 50 °C (Ober-/Unterhitze) vorheizen. Das Fleisch erst
in sehr dünne Scheiben, dann in Streifen schneiden – etwa wie
dünne Bandnudeln. Champignons trocken abbürsten, Stiele
abschneiden, beiseitelegen. Sehr frische Pilze ganz verwenden.
2 Zwei Drittel der Champignonköpfe halbieren. In einer großen
Pfanne mit 1 EL Öl 2 Minuten scharf anbraten, ohne dass sie
schrumpfen. In einer feuerfesten Form im Ofen warm stellen.
3 Noch 1 EL Öl in dieselbe Pfanne geben und die Steakstreifen
mindestens 5 Minuten scharf anbraten, Hitze herunterschalten, abgedeckt 15 bis 20 Minuten weiter garen lassen, nach
Wunsch auch mehr. Zu den Pilzen geben.
4 Geschälte Zwiebel, restliche Pilzköpfe und eventuell die Stiele
klein hacken. Mit dem restlichen Öl in der Pfanne anbraten, salzen, pfeffern, bei niedriger Hitze zugedeckt 5 Minuten garen.
5 Bratensatz mit Weißwein (oder Brühe) ablöschen, Crème
fraîche, grünen Pfeffer, die Steakstreifen und Pilze aus dem
Ofen dazugeben, erhitzen. Eventuell 100 ml Wasser mit 1 TL
Stärke gemischt unterrühren. Alles kurz aufkochen und abschmecken. Nach Belieben warm halten. Dazu schmecken Baguette, Polenta oder rohe Bratkartoffeln (Seite 93).

Zutaten für 4 Portionen **Zeit** 45 Min.
Nährwert 380 kcal, 30 g E, 26 g F, 4 g KH, 2 g B

500 g Rinderhüftsteak

400 g braune Champignons

3 EL Olivenöl

1 mittlere Zwiebel

4 EL Weißwein (oder Brühe)

150 ml Crème fraîche

1–2 TL grüner Pfeffer in Lake

1 TL Stärke (optional)

Salz, Pfeffer

Eigentlich haben Ochsen keine Bäckchen, sondern Backen, die zurechtgeschnitten werden. Butterweich geschmort schmecken sie genial. Sie sind auch nicht teuer und gut vorzubereiten. Meist muss man sie aber vorbestellen – oder Rinderbeinscheibe nehmen.

Ochsenbäckchen mit Honigmöhren

1 Lassen Sie die Ochsenbacken vom Fleischer zurechtschneiden (parieren) und wie Rollbraten schnüren (Rinderbeinscheibe in gulaschgroße Stücke schneiden). Das Fleisch mit 1 EL Öl 10 Minuten scharf anbraten, dann in einen Schmortopf geben.
2 In derselben Pfanne das in Stücke geschnittene Suppengrün mit 1 EL Butter 5 bis 10 Minuten andünsten zusammen mit Wein, Portwein, Tomatenmark, Balsamico, 4 Knoblauchzehen mit Schale (leicht angequetscht) und Bouquet garni zum Fleisch in den Ofen geben. Mit 1 Liter Brühe auffüllen. Bei niedriger Hitze oder im Ofen zugedeckt 2,5 bis 3 Stunden köcheln lassen, je nachdem wie weich das Fleisch werden soll.
3 Zum Servieren die Fäden vom Fleisch entfernen, in daumendicke Scheiben schneiden und warm halten. Den restlichen Inhalt des Schmortopfs durch einen Durchschlag in einen Topf abgießen. Dabei ein Handtuch zwischen Topf und Durchschlag halten. Die Gemüsereste im Durchschlag wegwerfen.
4 Aufgefangene Flüssigkeit auf 200 ml einkochen. 40 g kalte Butter in kleinen Stücken unterrühren, Schokolade hineinreiben, dazu eventuell etwas Curry. Aus einer geschälten Knoblauchzehe mit den Gabelzinken Saft in die Sauce pressen, abschmecken (Salz, Pfeffer). Die Sauce zum Fleisch servieren.

Als Beilage: Je 1 EL Butter und Honig schmelzen, 500 g Möhren in Stücken darin mit 3 EL Wasser bei kleiner Hitze zugedeckt 5 Minuten bissfest garen.

Zutaten für 4 Portionen **Zeit** 3 Std., 30 Min. aktiv
Nährwert 580 kcal, 52 g E, 31 g F, 11 g KH, 5 g B

800 – 1000 g Ochsenbacken ausgelöst (etwa 1,5 kg Gesamtgewicht)

1 EL Öl

2 Bund Suppengrün

1 EL Butter

500 ml Rotwein

100 ml Portwein

2 EL Tomatenmark

3 EL dunkler Balsamico

5 Knoblauchzehen

1 Bouquet Garni (siehe Seite 206)

1 L Brühe

40 g Butter

5 g sehr dunkle Schokolade

Currypulver (optional)

Salz, Pfeffer

Süßes zum Schluss

Bester italienischer Grappa kombiniert mit Sahne und
frischen Orangen – das ist ein außergewöhnliches, sehr
intensives Dessert. Orangen geben einen angenehmen
Kontrast. Anderes Obst wie Beeren passt auch gut.

Grappaschaum an Orangen

1 Gelatine in kaltem Wasser einweichen. Nach 5 bis 10 Minuten
herausnehmen, ausdrücken, in 2 EL warmem Wasser auflösen.
2 Joghurt, Crème fraîche und 50 g Zucker verrühren. 2 EL dieser
Mischung unter die Gelatine rühren, danach alles miteinander
vermengen. Etwa 30 Minuten kalt stellen, bis die Masse zu ge-
lieren beginnt, der Löffel sichtbare Spuren hinterlässt.
3 Sahne schlagen und portionsweise unter das Gelatinegemisch rühren, Grappa nach Geschmack. Mindestens 3 Stunden
kalt stellen, noch besser über Nacht.
4 Eine Orange vorsichtig abreiben und Saft auspressen, mit
Orangensaft auf 500 ml auffüllen und dann mit 100 g Zucker
vermischt auf etwa die Hälfte einkochen. 1 bis 2 EL geriebene
Orangenschale untermischen. Den Rest zur Dekoration nehmen oder tiefgefroren aufheben, beispielsweise für einen
Kuchen. Orangensauce kalt stellen.
5 Die zweite Orange bis auf das Fruchtfleisch herunterschälen,
Filets mit einem kleinen Messer herauslösen, größere in der
Mitte halbieren. Die Teller mit je einem großen Löffel Grappa-
schaum, einigen Filets und der Orangensauce anrichten.

Keine Sorge, wenn das Gelatinegemisch nach Schritt 1 schon
sehr fest geworden ist. Schlagen Sie es mit dem Handrührer
auf, so lässt sich die geschlagene Sahne gut untermischen.

Alternative zu Orangen: 300 bis 400 g tiefgefrorene Himbeeren oder Blaubeeren mit etwas Wasser und 100 g Zucker aufkochen, bis sie Saft geben. Abkühlen lassen.

Zutaten für 4 Portionen **Zeit** 25 Min. + 4 Std.
Nährwert pro Portion: 425 kcal, 2 g E, 14 g F, 55 g KH

1,5 Blatt Gelatine

50 g Joghurt

50 g Crème fraîche

150 g Zucker

100 g Sahne

40–50 ml Grappa

2 unbehandelte Orangen

etwa 400 ml Orangensaft

Vanilleparfait

1 Vanilleschote ● 2 Eigelb ● 55 g Zucker ● 2 TL Rum ●
200 g Sahne ● 25 g dunkle Schokolade, mindestens
50 % Kakaoanteil

▶ Die Vanilleschote der Länge nach aufschneiden, das
Vanillemark mit einem Löffel auskratzen. Das Eigelb
mit Vanillemark, Zucker und Rum weiß-schaumig
aufschlagen. Die Sahne sehr steif schlagen, den Vanil-
leschaum portionsweise vorsichtig, aber gründlich
untermischen. Mindestens 3 Stunden einfrieren. Zum
Servieren mit dem Sparschäler Schokolade raspeln,
die Späne über das Parfait streuen.
Die ausgekratzte Vanilleschote für selbst gemachten
Vanillezucker in Stücke schneiden und in einem Glas
mit etwa 200 g Zucker gemischt aufbewahren.

Zutaten für 4 Portionen **Zeit** 15 Min. + 3 Std. Einfrieren
Nährwert 250 kcal, 3 g E, 19 g F, 16 g KH

Geeister Zitronenschaum

2 unbehandelte Zitronen ● 2 Eier ● 75 g Zucker ●
200 g Sahne ● ½ Apfel

◀ Eine Zitrone abreiben, beide ausdrücken. Eier trennen, Eigelb mit 55 g Zucker, dem Abrieb und 2 TL Zitronensaft schaumig schlagen. Sahne steif schlagen,
vorsichtig unterrühren. Beide Eiweiß mit 1 EL Zitronensaft und 10 g Zucker steif schlagen, mit 4 EL Zitronensaft unter den Sahnemix rühren, mindestens
3 Stunden einfrieren, besser 2 Tage, damit sich das
Aroma entwickeln kann. Zum Servieren ½ Apfel
schälen, lange streichholzförmige Stäbchen daraus
schneiden, 1 EL Zitronensaft und 10 g Zucker untermischen. So werden die Stäbchen nicht braun und
gleichzeitig aromatischer. Um die Eisportionen legen.

Zutaten für 6 Portionen **Zeit** 20 Min. + 3 Std. Einfrieren
Nährwert 190 kcal, 3 g E, 13 g F, 15 g KH

Blaubeereis

300 g Blaubeeren, tiefgefroren ● 105 g Zucker ● 2 Eigelb ●
200 g Sahne

▶ Blaubeeren mit 1 EL Zucker auftauen lassen, bis sie etwa 100 ml Saft gegeben haben, eventuell sogar kurz
aufkochen und abkühlen lassen. Blaubeeren abgießen,
den Saft mit 1 gehäuften EL Blaubeeren kurz etwas sämiger einkochen, kühl stellen. Die restlichen Blaubeeren
mit 40 g Zucker pürieren (Mixstab). Eigelb und 55 g Zucker weiß-schaumig aufschlagen, mit der geschlagenen
Sahne mischen. Etwa ¼ des Sahnemix beiseitestellen.
Den größeren Teil mit den pürierten Blaubeeren mischen. Dann mit einer Gabel den Rest des weißen
Sahnemixes spiralförmig unterziehen, sodass sich
weiße Muster bilden. Mindestens 3 Stunden einfrieren,
mit etwas Blaubeersauce über dem Eis servieren.

●..
Zutaten für 6 Portionen **Zeit** 25 Min. + 3 Std. Einfrieren
Nährwert 215 kcal, 2 g E, 13 g F, 22 g KH, 2 g B

Amarettoparfait

2 Eigelb ● 50 g Zucker ● 200 g Sahne ● 2 TL Mandellikör ● 50 g Amarettini ● 2 EL roter Sirup, am besten
Grenadine ● 2 – 3 Kiwi

◀ Eigelb und Zucker mit dem Mandellikör weiß-
schaumig schlagen, die sehr steif geschlagene Sahne
untermischen. Amarettini in einem Tiefkühlbeutel
mit einer Teigrolle so zerbröseln, dass auch gröbere
Stücke bleiben, unter den Sahnemix geben. Alles in
eine Gefrierform füllen. Den Sirup großflächig darüberträufeln und mit einer Gabel vorsichtig unterrühren, so dass er sichtbare Schlieren bildet. Mindestens
3 Stunden einfrieren. Zum Servieren Kiwi schälen
und in sehr dünnen Scheiben um das Parfait legen.

●..
Zutaten für 4 Portionen **Zeit**: 25 Min. + 3 Std. Einfrieren
Nährwert 280 kcal, 3 g E, 19 g F, 22 g KH

Diese leichte, intensive Mousse au Chocolat geht blitzschnell und kommt ohne die sonst übliche Sahne aus.
Espresso und dazu etwas Cognac oder Mandellikör geben
dem Schokoschaum die spezielle Note. Besonders leicht
wird er ohne Eigelb, also fast pur.

Schokomousse – ganz ohne Sahne

1 Espresso zubereiten, ersatzweise starken Kaffee, auskühlen
lassen. Die Eier trennen, das Eiweiß mit 1 Prise Salz schaumig
schlagen. Wenn es anfängt, Spitzen zu ziehen, den Zucker unterrühren, bis er sich gelöst hat.
2 Die Schokolade in Stücke brechen, im Wasserbad oder einem
dickwandigen Topf mit dem Espresso langsam schmelzen
lassen. Nach Geschmack Eigelb oder Alkohol oder beides unterrühren, bis die Masse schön cremig ist.
3 Zunächst 3 Löffel des steif geschlagenen Eiweiß mit einem
Löffel unter die Schokomasse rühren. Diesen Mix dann zum
restlichen Eiweiß geben, vorsichtig unterziehen. In einer Schüssel zugedeckt mindestens 3 Stunden kühl stellen.
4 Zum Servieren Zitronensaft und Puderzucker mischen. Die
Birnen eventuell schälen, entkernen, die halbierten Hälften
fächerförmig aufschneiden, mit dem Puderzucker-Zitronen-
Mix bestreichen. Auf die Mitte der Teller legen, jeweils etwas
Mousse dazu. Dafür einen Esslöffel in heißes Wasser tauchen
und die Mousse damit herausheben.

Mousse sofort kühlen, nicht länger als 20 Minuten ungekühlt
stehen lassen. Das hält eventuelle Salmonellen in Schach.

Zutaten für 4 Portionen **Zeit** 15 Min.
Nährwert 260 kcal, 9 g E, 16 g F, 14 g KH

60 ml Espresso

4 Eier möglichst frisch

20 g Zucker

100 g dunkle Schokolade, mindestens
70 % Kakaoanteil

3–4 EL Armagnac oder Mandellikör
(optional)

1 EL Zitronensaft

1 EL Puderzucker

2 kleine Birnen

Einst trug Panna cotta – gekochte Sahne – ihren Namen zu
Recht: Sanftes Köcheln dickte sie ein, so wurde sie fest. Heute
liefert meist Gelatine die Stabilität. Aber erst nach einigen
Stunden. Schneller geht's mit Agar-Agar, besser auch, denn
das pflanzliche Geliermittel flacht die Aromen nicht ab.

Blitz-Panna Cotta an Balsamico-Erdbeersauce

1 Sahne mit 40 g Zucker erhitzen. Die Vanilleschote der Länge
nach aufschneiden, das Mark mit einem kleinen Löffel herauskratzen und zur Sahne geben, eventuelle Klümpchen mit dem
Stabmixer glatt rühren. Schote ebenfalls in den Topf, alles unter Rühren ungefähr 10 Minuten köcheln lassen. Aufpassen,
die Sahne brennt leicht an. Etwas abkühlen lassen. Die Schote
herausfischen und erneut auskratzen, Mark untermischen.
Speisestärke mit Agartine mischen, einrühren, etwa 2 Minuten
köcheln lassen.
2 Zum Abkühlen in eine Schüssel oder kleine Förmchen füllen.
Nicht abdecken, sonst sammelt sich Kondenswasser auf der
Sahnecreme. In kleinen Förmchen gekühlt ist die Panna cotta
nach etwa 90 Minuten verzehrfertig. Wenn Sie sie aus einer
größeren Schüssel stürzen wollen, dauert es etwas länger.
3 Erdbeeren gegebenenfalls auftauen lassen. Im Mixer mit
50 g Zucker fein pürieren, mit dem Balsamico abschmecken.
Wenn Sie Minze oder Basilikum zur Hand haben: sehr fein hacken und zum Schluss unterrühren.

Die Sauce passt auch zum Grappaschaum auf Seite 177.
1 bis 3 EL Orangenlikör, Campari oder Aperol geben ihr eine
neue Note. Noch zwei Tipps: Die Panna cotta lässt sich leichter stürzen, wenn Sie die Formen kurz in warmes Wasser
stellen. Und falls sie keine Vanilleschote im Haus haben, gehen ersatzweise auch 2 Beutel echter Vanillezucker.

Zutaten für 4 Portionen **Zeit** 30 + 90 Min.
Nährwert 510 kcal, 4 g E, 40 g F, 31 g KH, 2 g B

500 g Sahne

90 g Zucker

1 Vanilleschote

1 Tütchen Agartine (Fertigprodukt)

1 TL Speisestärke

300 g Erdbeeren, auch gefroren

1 kleiner EL dunkler Balsamico

1 Stiel Minze oder Basilikum (optional)

Drei schnelle Fruchtsorbets

Kühle, cremige Sorbets sind auch ohne Eismaschine schnell gemacht. Man muss nur Früchte und Zuckersirup tiefgefroren parat haben. Falls Ihr Mixer mit so viel Gefrorenem nicht umgehen kann, lassen Sie die Früchte kurz antauen, höchstens aber 15 bis 20 Minuten. Wenn Ihr Mixer Früchte und Sirup gefroren verarbeitet, ist das Sorbet praktisch sofort servierfähig. Mussten die Früchte vorher antauen, das Sorbet noch einmal 20 bis 30 Minuten in Gefrierbeuteln in die Gefriertruhe geben.

Zum Servieren das Sorbet etwa 30 Minuten vorher aus dem Gefrierschrank nehmen, dann die angetaute Masse erneut kurz durchrühren oder einfach in den flachen Gefrierbeuteln durchkneten.

Nach diesem Prinzip lassen sich aus fast allen Früchten Sorbets zubereiten. Nur Äpfel und Zitrusfrüchte brauchen zum Binden ein wenig Eiweiß. Leicht schaumig geschlagen, lässt es sich gut portionieren. Je mehr Zucker, desto cremiger bleibt das Sorbet auch eingefroren.

Grundrezept Zuckersirup

250 ml Wasser • 150 g Zucker

Wasser aufkochen, den Zucker darin auflösen, abkühlen lassen und mindestens 3 Stunden in die Gefriertruhe geben. Die Schicht sollte dünn sein, damit sie sich hinterher einfach portionieren und zerkleinern lässt. Gut geeignet sind dafür auslaufsichere Beutel.

Apfelsorbet

3 säuerliche Äpfel, am besten Granny Smith (etwa 350 g entkernt) • 2 EL Zitronensaft • ½ Eiweiß • Zuckersirup (Menge Grundrezept) • 1 EL Calvados (optional) • 1 – 2 Stiele Zitronenmelisse

◀ Äpfel entkernen, mit Schale sehr klein schneiden und flach in einem Beutel einfrieren. Gefrorene Stückchen mit Zitronensaft fast pudrig zerkleinern (Mixer). Nach und nach gefrorenen Zuckersirup untermischen, ebenso das Eiweiß. Abschmecken, eventuell etwas Puderzucker und Zitrone zugeben. Sehr gut: Calvados untermischen, ersatzweise Rum. Mit gehackter Zitronenmelisse servieren.

Zutaten für 4 Portionen   **Zeit** 15 Min.
Nährwert 205 kcal, 1 g E, 48 g KH, 2 g B

Orangensorbet

2 Bio-Orangen (etwa 350 g Fruchtfleisch) ● ½ Eiweiß ●
Zuckersirup (Menge Grundrezept) ● 1 – 2 EL Cointreau
oder Grand Marnier ● 1 – 2 EL Zitronensaft ● 1 rosa
Grapefruit

▶ Die Schale einer Orange oberflächlich ohne das
Weiße abreiben. Beide Orangen gründlich bis auf das
Fruchtfleisch schälen. Filets aus den Zwischenhäuten
trennen (filetieren), ganz flach einfrieren (Gefrier-
beutel). Später die gefrorenen Filets erst zerschneiden
(Küchenschere), dann im Mixer zerkleinern. Halbes
Eiweiß sowie nach und nach gefrorenen Zuckersirup
in kleinen Portionen untermixen. Orangenabrieb
und Orangenlikör dazugeben, mit Zitronensaft und
Puderzucker abschmecken, eventuell noch einmal in
die Gefriertruhe geben. Von der Grapefruit Filets aus-
lösen, halbieren, an das Sorbet legen.

●···
Zutaten für 4 Portionen **Zeit** 20 Min.
Nährwert 210 kcal, 2 g E, 49 KH, 2 g B

Himbeersorbet

400 g Himbeeren, tiefgefroren ● Zuckersirup (halbe
Menge Grundrezept) ● ½ Eiweiß (optional) ● 1 – 2 EL
Puderzucker ● 1 – 2 EL Himbeergeist (optional)

◀ Gefrorene Beeren pürieren, dazu vorher mit dem
Teigroller zerkleinern. Die Alternative: etwas antauen
lassen. Gefrorenen Zuckersirup portionsweise gründlich untermischen. Eiweiß ist nicht nötig, schadet
aber nicht. Mit Puderzucker, eventuell Himbeergeist
abschmecken. Falls nötig: 30 Minuten einfrieren.

●···
Zutaten für 4 Portionen **Zeit** 15 Min.
Nährwert 185 kcal, 2 g E, 42 g KH, 5 g B

185

Ein Fest für Kirschen und Feigen

Jedes Jahr im Mai werden sie groß gefeiert, die „Monts de Venasque", die ganz speziellen Kirschen von Venasque. Im Nachbardorf dreht sich etwas später alles um dessen Tafeltrauben, die Muscats de Hambourg. Wie ein großer Obstkorb präsentieren sich die Provence und der Süden.

Weiter südlich in Menton wachsen die berühmten lokalen Zitronen, sie gelten als die besten von Frankreich. In Nizza erntet man bittere Orangen. Sonst allerdings muss man Orangen nach Südfrankreich importieren, besonders gut sind die Malteser Orangen aus Tunesien. Von dort oder auch aus der Türkei kommen auch getrocknete Feigen, frische gibt's vor Ort in Venasque: Violett oder grünschalig pflückt man sie im Frühsommer und im Herbst im Dorf und Umgebung. Und auch das ist natürlich Anlass für ein Festival.

All das schmeckt frisch gepflückt am Mittelmeer ganz anders als hierzulande, sonnengetränkt und intensiver. Direkt unter südlicher Sonne sammeln die Früchte viel mehr Aromastoffe. Was wir in Mitteleuropa an Obst erwerben, wurde mit Pflückreife auf den Weg geschickt – das ist der minimale Reifegrad, der für den Weitertransport garantiert, dass Melonen oder Äpfel nachreifen können bis zu dem, was sich hier „Genussreife" nennt.

Feigen gibt es bei uns vor allem im Sommer und Herbst zu kaufen, in der Regel aus Ländern wie der Türkei oder Spanien. Falls sie frisch hierherkommen. Denn viele erreichen uns nur getrocknet, und da sind sie fast unendlich haltbar, so wie Aprikosen und Datteln. Das ist praktisch, aber etwas ganz anderes als frische Früchte.

Frisches Obst, schön reif und schön bunt, ist ein Segen, kulinarisch, praktisch und für unser Wohlbefinden: kalorienarm, und mit einer guten Portion wichtiger Biostoffe (vor allem in der Schale) – Kraftstoff fürs Immunsystem. Äpfel zum Beispiel sind immer eine Sünde wert, wir wissen es: An apple a day keeps the doctor away. Inzwischen gibt es zahllose sehr konkrete Hin- und Nachweise, was die Tausende von Mikro-Inhaltsstoffen im Obst dem Körper Gutes tun. Beeren zum Beispiel: Je bunter sie sind, desto breit gestreuter ist ihr Wirkstoffmix. Besonders interessant sind Anthocyane, die Beeren blau, violett oder schwarz färben. Sie sollen nicht nur gut für Immunsystem und Herz und Kreislauf sein, sondern sogar das Risiko für Parkinson senken. Auch Kirschen, Pflaumen, Himbeeren sind reich an Anthocyanen. Blaubeeren machen nachweislich klüger, zumindest Ratten.

Zitronen, wie so viele Obstsorten einst aus Asien eingewandert, sind Allroundtalente. Ihre ätherischen Öle wurden früher aus Gesundheitsgründen geschätzt, nicht nur als Duftstoff für Parfüms. Uns interessiert für die Küche eher der Umstand, dass die Öle aus Zitronen- und Orangenschalen Aroma geben ohne zu säuern. Der Saft ist zwar sauer, aber auch sehr gesund, er ist voller Vitamin C. Unbehandelte Zitronen gehören, anders als sonstiges Obst, in den Kühlschrank.

Orangen mit Datteln und Zimt

Aus den Blüten von Pomeranzen – das sind bittere Orangen – wird rund ums Mittelmeer das helle Orangenblütenwasser destilliert. Man sollte vorsichtig damit umgehen: Es würzt recht intensiv, ist aber ideal für alles Frische und harmoniert besonders mit Zimt.

Zutaten für 4 Portionen **Zeit** 15 Min. + 2 Std.
Nährwert 150 kcal, 18 g E, 1 g F, 32 g KH, 5 g B

4 mittelgroße Orangen

10 – 12 Tropfen Orangenblütenwasser

1 – 2 TL Zimt

8 große weiche Datteln

1 Die Orangen gründlich bis aufs Fruchtfleisch schälen, das geht am einfachsten so: Den Boden abschneiden, die Orange aufstellen und von oben nach unten die Schale mit einem sehr scharfen Messer gründlich abschneiden. Quer zum Stielansatz etwa 1 cm dicke Scheiben schneiden. In eine breite Schüssel legen, unter Wenden Orangenblütenwasser sowie Zimt dazugeben.

2 Mindestens 2 Stunden gekühlt durchziehen lassen und auch gekühlt servieren: Die Scheiben auf jedem Teller ringförmig anordnen und pro Teller 2 Datteln in Hälften oder in Ringe geschnitten darauflegen.

Das herbe, intensive Aroma des Blütenwassers passt auch gut zu herzhaften Salaten, ist aber nicht jedermanns Geschmack. Die Alternative für dieses Dessert: Eine halbe Zitrone und eine Orange auspressen, Saft mit etwas Zucker über die Scheiben geben und durchziehen lassen.

Orangenblütenwasser wird hauptsächlich in Marokko destilliert. Bei uns bekommt man es am einfachsten in türkischen Läden – dort gibt es meist auch gute getrocknete Datteln aus neuer Ernte.

Feigen in rosa Sahne

Sieht eindrucksvoll aus, geht ganz schnell und einfach:
Ein idealer Nachtisch im Spätsommer und Herbst,
wenn in den Auslagen frische Feigen leuchten. Sie sollten schön reif sein. Man kann den Mandellikör auch
durch Sirup ersetzen.

Zutaten für 4 Portionen **Zeit** 15 Min.
Nährwert 260 kcal, 3 g E, 13 g F, 31 g KH, 3 g B

6 frische Feigen, grün oder violett

150 g Sahne

2 EL Grenadinesirup (oder Cassis)

1–3 EL Puderzucker

1–2 EL Mandellikör (oder -sirup)

1 Die Feigen abspülen, trocken tupfen
und vom Stielansatz aus halbieren.
Die Hälften der Länge nach so in Streifen schneiden, dass sie am Stiel noch
zusammenhängen. Jeweils 3 Hälften
aufgefächert auf einen Teller legen.
2 Die Sahne mit dem Grenadinesirup
leicht rot färben, Mandellikör und
nach Geschmack Puderzucker unterrühren. Um die Feigen herumgießen
und kalt stellen. Jeden Teller mit etwas
Puderzucker bestäuben.

Frische Feigen sind echte Multitalen-
te. Gut sind sie beispielsweise in der
Pfanne kurz mit Butter und Zucker
karamellisiert. Beim Käsegang nach
dem Menü passen Feigen zu Roquefort oder jedem anderen scharfen Käse, am besten halbiert oder aufgefächert und mit ein paar Tropfen Balsamico darüber.

In dem flachen Kuchen steckt Zitrone hoch drei: Schale, Saft und Fruchtfleisch. Backen Sie ihn ein oder zwei Tage im voraus, so können die Aromen besser durchziehen. Am besten schmeckt er mit einer knackigen Zitronenglasur.

Zitronenkuchen – leicht und saftig

1 Ofen auf 150 °C Umluft vorheizen. Backpapier knüllen, glatt streichen, Rand einschneiden, Form damit auslegen.

2 3 Zitronen fein abreiben. Abrieb mit der Stärke, gemahlenen Mandeln und Natron verrühren. Eine Zitrone ausdrücken, zwei weitere bis aufs Fruchtfleisch schälen, es soll kein Weiß übrig bleiben. Zitronenfilets mit einem Messer herauslösen (siehe Seite 67), sehr klein schneiden, den Saft auffangen.

3 Butter und Zucker 3 bis 5 Minuten schaumig schlagen, bis sich der Zucker gelöst hat. Eier einzeln unterrühren, dann kurz die Stärke-Mandel-Mischung untermischen, ebenso Zitronensaft, -abrieb und -stückchen sowie die gehobelten Mandeln. Den relativ flüssigen Teig in die Form füllen, 30 bis 40 Minuten backen. Eventuell nach 30 Minuten mit Alufolie abdecken, damit der Kuchen nicht zu braun wird.

4 10 Minuten nach Backende aus der Form nehmen, auf einem Kuchengitter abdampfen lassen. Die vierte Zitrone halbieren, eine Hälfte auspressen. 1 bis 2 EL Saft mit 75 bis 100 g Puderzucker glatt rühren, Glasur über den Kuchen streichen.

Butter und Eier trennen sich, wenn sie zu kalt sind. So werden sie schneller warm, wenn sie aus dem Kühlschrank kommen: Butter in kleine Stücke schneiden, Eier 10 Minuten in lauwarmes Wasser legen.

Zutaten für 1 Springform (28 cm), 12 Stück
Zeit 55 Min., 25 aktiv
Nährwert pro Stück: 275 kcal, 4 g E, 17 g F, 28 g KH, 2 g B

4 unbehandelte Zitronen

120 g Stärke, am besten Kartoffelmehl

100 g gemahlene Mandeln

½ TL Natron (Backsoda) oder Backpulver

120 g weiche Butter

150 g Zucker

4 Eier, zimmerwarm

50 g Mandelblättchen

75 – 100 g Puderzucker

Birnen in Rotwein

Dieses Dessert macht schon alleine viel her. Es passt aber auch zu Panna Cotta oder Vanilleparfait. Der Rotwein muss nicht frisch aus der Flasche kommen. Es können auch Reste sein, die schon ein paar Tage hinter sich haben.

Zutaten für 4 Portionen **Zeit** 60 Min., 20 aktiv
Nährwert 130 kcal, 24 g KH, 3 g B

400 g Birnen, möglichst klein und fest

½ unbehandelte Orange

500 ml Rotwein

1 Sternanis, 5 Nelken, 5 Pfefferkörner

1 Zimtstange (oder etwas gemahlener Zimt)

1 – 2 EL Honig

1 Birnen schälen, halbieren, Kerngehäuse herausheben. Größere Exemplare quer durchschneiden, eventuell vierteln. Orange dünn schälen (Sparschäler), Schale in Streifen schneiden.
2 Den Wein in einem kleinen Topf mit Orangenschalen, Gewürzen und Zimtstange erwärmen. Mit dem Honig weiter erhitzen, bis er sich aufgelöst hat. Die Birnen dazugeben, eventuell noch etwas Wein nachgießen, sie sollten gerade bedeckt sein. 10 Minuten offen köcheln lassen.
3 Birnen herausnehmen, Wein durchsieben, Gewürze und Schalen wegwerfen. Wein auf Sirupkonsistenz einkochen, das kann 30 Minuten dauern. Birnen wieder hineinlegen, am besten einige Stunden durchziehen lassen.
4 Zum Servieren die Birnen längs 2- bis 3-mal einschneiden, je 2 auf einen Teller setzen. Den Sirup darübergeben.

Pfirsiche in Weißwein oder Rosé

Schmeckt solo, mit Gebäck, aber auch zu kaltem Parfait – ein Dessert für alle Lebenslagen. Besonders edel für laue Sommerabende: ein paar frische Himbeeren und einen Schuss Prosecco dazugeben. Der lässt das recht flüssige Dessert etwas schäumen.

Zutaten für 4 Portionen **Zeit** 20 Min. + 2 Std.
Nährwert 185 kcal, 2 g E, 37 g KH, 4 g B

400 ml trockener Weißwein oder Rosé

50 – 75 g Zucker

1 Vanilleschote

1 kg Pfirsiche (oder Nektarinen)

3 Stiele Minze

50 g Himbeeren (optional)

150 ml Prosecco (optional)

1 Den Wein mit dem Zucker aufkochen, bis er sich gelöst hat. Die Vanilleschote längs aufschneiden, das Mark mit einem kleinen Löffel auskratzen, zum Wein geben, bei Klümpchen kurz durchmixen (Stabmixer). Die Schote ebenfalls dazugeben. Alles 20 Minuten leise köcheln lassen, damit der Alkohol verdampft, aber nicht zu viel Flüssigkeit. Eventuell mit etwas Wasser auf 400 ml auffüllen.
2 Pfirsiche entkernen und achteln, nach Wunsch vorher schälen. Stücke in den heißen Weinsirup geben (nicht mehr aufkochen!). Abkühlen lassen, mindestens 2 bis 3 Stunden im Kühlschrank durchziehen lassen.
3 Pfirsiche mit Wein in flachen Suppentellern mit etwas Minze überstreut servieren. Nach Geschmack ein paar Himbeeren dazugeben, erst zum Servieren mit Prosecco übergießen.

Dies ist ein Familienrezept aus Sardinien. Dort genießt man solche flachen Kuchen als leichtes Dessert. Der Teig mit knackigen Mandelstückchen wird ganz ohne Butter und fast ohne Mehl gebacken.

Torta di Mandorle

1 Ofen auf 150 °C (Umluft) vorheizen. Backpapier auf den Boden einer 26er-Springform legen und in die Form einspannen, den Rand nicht fetten. Die Zitrone abreiben. Die gehackten Mandeln auf ein Blech legen, im Ofen kurz anrösten, bis sie zu duften beginnen.

2 Die Eier trennen. Das Eiweiß mit einer Prise Salz steif schlagen. Danach mit demselben Schläger Eigelb, Zucker und Vanillezucker in einer großen Schüssel schaumig rühren. Das Mehl mit dem Backpulver mischen, mit Zitronenschale und gehackten Mandeln zu der Eigelb-Mischung geben. Alles mit einem Löffel verrühren, dann den Eischnee unterziehen. Teig in die Springform füllen und glatt streichen.

3 Etwa 30 bis 35 Minuten backen. Den Kuchen 10 Minuten nach Backende aus der Form nehmen, am besten auf einem Kuchengitter abdampfen lassen. Ausgekühlt mit Puderzucker überstreut servieren.

Auch gut: Die abgeriebene Zitrone sehr gründlich schälen, mit einem sehr scharfen Messer in hauchdünne Scheiben schneiden. Auf dem Teig mit Zucker überstreut mitbacken.

Besonders intensiv schmeckt der Kuchen mit ungeschälten Mandeln: Erst mit dem Messer, dann im Blitzhacker hacken.

Zutaten für 1 Springform (26 cm), 12 Stücke
Zeit 55 Min., 20 aktiv
Nährwert pro Stück 150 kcal, 4 g E, 7 g F, 15 g KH, 1 g B

1 unbehandelte Zitrone

100 g gehackte Mandeln

4 Eier

1 Prise Salz

130 g Zucker

1 Tüte Bourbon-Vanillezucker

50 g Mehl

1 TL Backpulver

50 g Puderzucker

Amarettinikuchen

Wer das typisch italienische Bittermandelaroma mag, wird diesen Kuchen lieben. Er ist schnell zusammengerührt – ganz ohne Butter oder Mehl, nur mit Eiern, Zucker, Amarettini und Kakao. Am besten genießt man ihn pur oder mit aufgeschlagener Crème fraîche.

Zutaten für 1 Springform (26 cm), 12 Stücke
Zeit 50 Min., 15 aktiv
Nährwert 150 kcal, 4 g E, 6 g F, 17 g KH, 2 g B

4 Eier

150 g Zucker

80 g Kakao

270 g Amarettini

200 g Crème fraîche

2 EL Rum oder Brandy

2–3 EL Mandellikör (optional)

1 Ofen auf 160 °C (Umluft) vorheizen. Eier und Zucker cremig aufschlagen (Elektrorührer), bis sich das Volumen etwa verdreifacht hat. Den Kakao unter die nun hellgelbe Masse rühren.
2 Amarettini in einem Tiefkühlbeutel mit einer Teigrolle teils fein, teils grob zerkleinern. 20 g beiseitelegen, den Rest mit einem Löffel unter den Teig mischen, dann die Crème fraîche, zum Schluss Rum oder Brandy.
3 Backpapier zusammenknüllen, wieder glatt streichen, am Rand etwas einschneiden, die Backform damit auskleiden. Die Masse einfüllen, restliche Amarettini darüberstreuen, 35 bis 40 Minuten backen. Nach Wunsch Mandellikör darüberträufeln.

Dazu schmeckt außer Schlagsahne auch Crème fraîche, die man wie Sahne schaumig schlägt: Für 200 g beim Schlagen nach und nach 1 bis 2 EL Wasser dazugeben, damit sie etwas flüssiger wird. Nach Wunsch süßen. Dazu schmecken auch Trauben, Feigen, in der Pfanne mit Butter und Zucker karamellisierte Apfelspalten.

Spanischer Wind

Bei vielen Rezepten bleibt Eiweiß übrig. Nutzen
Sie es für Spanischen Wind. Das Schaumge-
bäck bestand ursprünglich nur aus Eiweiß und
Zucker. Die kleinen Baisers lassen sich aber
schön variieren.

Zutaten für 2 Backbleche (etwa 40 Stück)
Zeit 40 Min., 15 aktiv
Nährwert 32 kcal, 1 g E, 2 g F, 3 g KH

2 Eier oder Eiweiß

1 Prise Salz

100 g feiner Haushaltszucker

75 g dunkle Schokolade

75 g Mandeln, gehackt

1 EL Kakao (optional)

1 Ofen auf 120 bis 130 °C (Umluft) vorheizen. Für das Basisrezept 2 Eiweiß
mit einer Prise Salz schaumig, dann
mit 100 g feinem Zucker richtig steif
schlagen. Schokolade mit einem großen Messer grob hacken, mit den gehackten Mandeln unter das Baiser
ziehen. Nach Wunsch eine Hälfte mit
1 EL Kakao würzen.
2 Mit einem Teelöffel in kleinen Häuf-
chen auf ein Blech mit Backpapier
setzen, 20 bis 25 Minuten backen.
Herausnehmen und etwas Geduld zei-
gen: Die Baisers sind erst am nächsten
Tag trocken genug.

Einen Fruchtakzent bringen je 1 EL
geriebene Orangen- oder Zitronenschale zum Basisrezept. Eine Mokka-
Note bewirkt 1 EL Kaffeepulver zum
Kakaobaiser. Nussig-fest werden die
Baiserkekse mit je 250 g Zucker und
geriebenen Mandeln, etwa 15 Minuten bei 150 °C Umluft gebacken.

Karamellisierte Früchte mit knusprigem Teig – das ist das Erfolgsrezept für die gestürzten Tartes. Birnen pur werden sehr weich, kombiniert mit Äpfeln sind sie aber ideal. Versuchen Sie es im Herbst mit Quitten! Die gelben, herben Früchte werden beim Karamellisieren milder und attraktiv bräunlich-rot.

Tarte Tatin Apfel-Birne

1 Ofen auf 250 °C vorheizen, möglichst nur Unterhitze. Gefrorenen Blätterteig auftauen lassen. Obst waschen, vierteln und entkernen, nicht schälen. Die Apfelviertel jeweils längs halbieren oder dritteln, die Segmente sollen außen etwa 3 cm dick sein. Birnen in kleinere Stücke schneiden.

2 Tarteform mit 10 g Butter ausstreichen. 15 g Zucker darübergeben, dann die Mandelblättchen. Apfelsegmente von außen kreisförmig zur Mitte in die Form legen. Birnen mit 135 g Zucker, 50 g Butter und Zitronensaft in einer Pfanne leicht bräunen. Das kann 20 Minuten dauern. Über die Äpfel geben.

3 Blätterteig 5 mm überlappend auslegen, ausrollen, als runde Fläche über die Tarte legen. Der Teig soll 1 bis 2 cm überstehen. Einige Löcher hineinstechen, auf dem untersten Rost 20 bis 30 Minuten backen. Dann locker mit Alufolie abdecken, 30 bis 45 Minuten bei 220 °C backen – je nach gewünschter Bräunung der Karamellschicht. Herausholen, spätestens nach 10 Minuten auf eine Platte stürzen, sonst löst sich das Karamell nicht. Nach Geschmack Birnengeist darüberträufeln.

Quittentarte: Nicht im Voraus karamellisieren, ganze Butter- und Zuckermenge in die Form geben, darauf einen mürben Apfel in Scheiben (wie Boskop), dann 600 g Quitten in ungeschälten Segmenten. Mindestens 90 Minuten backen.

Tartes schmecken am besten warm, sind aber noch ein paar Tage später ein Genuss. Sehr gut dazu ist Vanilleparfait.

Zutaten für 1 Tarteform 28 cm (8 Stück)
Zeit 105 Min., 30 aktiv
Nährwert 265 kcal, 2 g E, 12 g F, 42 g KH, 4 g B

3 Platten Blätterteig tiefgefroren (oder 1 Packung aus dem Kühlregal)

600 g feste Äpfel (Golden Delicious)

600 g feste kleine Birnen

60 g Butter

150 g Zucker

50 g Mandelblättchen

2 EL Zitronensaft

2 EL Birnengeist oder Calvados (optional)

Kochkurs
mediterran

Die Basis der Mittelmeer-Küche: Saucen, Gewürzmischungen und Pasten

Einfach und extra aromatisch – diese Rezepte bringen es unter einen Hut. Saucen und Gewürze aus dem Vorrat sind beim Kochen eine schnelle Hilfe. Selbst gemacht oder gemixt schmecken sie besonders gut.

Sofritto

Sofritto bedeutet „angebraten", die Technik wirkt geschmacksverstärkend, Sie finden sie in vielen Rezepten: Zwiebeln und Gemüse langsam anbraten, je kleiner gehackt, desto besser. Das vergrößert die Oberfläche der Zutaten, die fettlöslichen Aromen treten ins Öl über, wasserlösliche sammeln sich im Saft. Außerdem entstehen Röstaromen. Gut als Basis zum Schmoren oder aufs Brot.

So geht's: Je etwa 100 g Möhren, Zwiebeln und Selleriestangen sehr klein schneiden, mit 1 EL Olivenöl anbraten, leicht salzen und zugedeckt bei niedriger Hitze 5 bis 15 Minuten glasig anbraten, nach Wunsch Kräuter, Knoblauch, später auch Tomatenmark oder -sauce hinzufügen.

Zucchinisauce

Fettarm und rein vegetarisch ist die pürierte Sauce ideal, um sie statt Sahne in einen Schmortopf zu geben, dem Risotto eine extracremige Konsistenz zu verleihen oder aus Fleischsaftkonzentrat ganz ohne Mehl eine Sauce zu machen. Aufbewahren: Ein paar Tage im Schraubglas oder eingefroren in flachen Beuteln, sodass man bei Bedarf ein Stück abbrechen kann.

So geht's: Für 500 Gramm 4 kleine Zucchini schälen, in Würfel schneiden. 2 klein geschnittene Schalotten mit 2 EL Öl goldgelb anschwitzen, die Zucchini dazugeben und im geschlossenen Topf etwa 10 Minuten gar dünsten, eventuell 1 bis 2 EL Wasser dazugeben, nach 5 bis 10 Minuten pürieren.

Frische Tomatensauce

Diese Sauce schmeckt auf geröstetem Brot, auf Auberginen-
scheiben, zu Pasta und in Ratatouille. Gekühlt ist sie einige Tage
im Kühlschrank haltbar oder Sie frieren sie in flachen Paketen ein.

So geht's: Für 400 g eine mittlere Zwiebel häuten, würfeln, mit
1 EL Öl glasig dünsten, Knoblauch hineinpressen, auf niedriger
Stufe zugedeckt etwa 5 Minuten köcheln lassen. 500 g Tomaten
halbieren, Stielansätze entfernen. Tomaten mit der Schnittfläche
auf die Zwiebeln legen, zugedeckt etwa 15 Minuten köcheln. Die
Haut mit einer Pinzette abheben, Fruchtfleisch stückig rühren,
Flüssigkeit einkochen und abschmecken. Abgezogene Tomaten-
schalen mit einem Löffel auskratzen.

Tomatenmarksauce für Faule

Ganz einfach ist die Sauce aus Tomatenmark, die mit Wein und
Kräutern köchelt. Das passt zu Pasta ebenso wie zu Fisch oder
Fleisch. Aufbewahren: Einige Tage im Kühlschrank, sonst in fla-
chen Paketen im Gefrierschrank.

So geht's: Für etwa 400 g eine mittlere Zwiebel häuten, würfeln,
mit 1 EL Öl zugedeckt andünsten. Dann 150 g Tomatenmark, 150 ml
Rotwein (oder Brühe) und 350 ml Wasser zugeben, mit 1 TL Kräutern der Provence und 1 Lorbeerblatt etwa 15 Minuten köcheln,
zum Schluss 1 bis 2 EL Butter daruntermischen, salzen, pfeffern.

Zwiebelconfit

Das ist eine äußerst vielseitige, kontrastreiche Beilage, gut auf
Vorrat zuzubereiten und gekühlt fast ewig haltbar. Passt zu Rind-
fleisch, Wildgerichten, Fisch und zum Käse.

So geht's: 700 g Gemüsezwiebeln in sehr dünne Scheiben schneiden. In einer Pfanne 50 g Butter leicht anbräunen. Zwiebeln mit
160 g Zucker, 8 g Salz und 5 g gemahlenem Pfeffer dazugeben, bei
niedriger Hitze zugedeckt etwa 30 Minuten köcheln lassen, gelegentlich umrühren, bis die Zwiebeln etwas Farbe haben. 1 EL Sherry-
oder Rotweinessig, 2 EL kräftigen Rotwein und 1 bis 2 EL Johannis-
beergelee zugeben, ohne Deckel langsam einkochen – die Zwiebeln
sollen fast kandiert sein. Mit Salz, Pfeffer oder Essig abschmecken.

Weiß- und Rotweinbutter

Die Saucen mit reichlich Butter schmecken zu Fisch und Fleisch, lassen sich unterschiedlich würzen. Die Basis ist gut für den Vorrat, erst zum Servieren kommt die Butter dazu.

So geht's: Für 2 Portionen 2 Schalotten häuten, sehr fein hacken, mit 200 ml Wein und ½ Zitrone oder 2 EL Balsamessig einkochen, bis sich die Flüssigkeit auf insgesamt nur 1 EL reduziert hat. Wer die Zwiebelstückchen nicht mag, kann sie heraussieben. Weißweinreduktion vor dem Servieren nach Wunsch noch mit Kapern und mehr Zitrone würzen, dabei aufkochen. Rotweinreduktion salzen nur mäßig erhitzen. Zum Servieren 120 bis 150 g kalte Butter in Stückchen mit dem Schneebesen unterrühren.

Fonds

Im Schraubglas hält sich der gelatinöse Fond einige Tage. Sonst: In Eiskugelbeuteln einfrieren.

So geht's: Für Lamm- oder Kalbsfond 1 bis 2 kg Knochen und Fleischreste mit 1 bis 2 EL Öl im Ofen anrösten und kräftig bräunen. Mit Wasser bedeckt erhitzen, 2 zerquetschte Knoblauchzehen, etwas Lauch und 1 TL getrocknete Kräuter dazugeben. Ohne Sprudeln aufkochen, mindestens 2 bis 3 Stunden köcheln lassen, bis Aromastoffe und Kollagen aus den Knochen in die Brühe übergegangen sind. Für Hühnerbrühe ein billiges kleines Suppenhuhn – oder Hühnerflügel – zerteilen, wie oben verfahren, aber ohne Anrösten. Abschäumen ist nicht nötig, das erledigt sich mit dem Abgießen.

Weinsirup

Wenn Wein übrig bleibt, verkorkt ist oder tagelang in der Küche steht, bloß nicht wegschütten! Man kann daraus einen wunderbaren Sirup als Würze für pikante Saucen oder Basis für Desserts kochen.

So geht's: 500 ml Rotwein beispielsweise mit je 5 Pfeffer- und Nelkenkörnern, 1 Sternanis, eventuell 1 Zimtstange, geriebenen Orangenschalen so lange einkochen, bis er eine sirupartige Konsistenz hat. Das kann 30 Minuten und mehr dauern. Für Weißwein oder Rosé ist das Mark einer Vanilleschote ideal, dazu nach Wunsch 1 EL geriebene Zitrusschalen. Gesüßt wird nach Geschmack, mit Zucker, Honig, Agaven- oder Ahornsirup.

Harissa

Die nordafrikanische Mischung garantiert orientalisch gewürzte
Schärfe nach Wunsch, gut zum Beispiel für Suppen, Saucen,
Couscous. Es gibt sie als Pulver und Paste zu kaufen, vor allem in
türkischen Läden. Pulver ist praktischer, Paste hält nicht so lange.

So geht's: 200 g scharfe Pepperonischoten bei 220 °C im Ofen garen, bis sich die Haut löst, klein schneiden. Zwei mittlere gewürfelte
Zwiebeln und Knoblauchzehen in Olivenöl andünsten, mit den
Schoten, 2 EL Tomatenmark, je 2 TL gemahlenem Kreuzkümmel
und Koriander und eventuell etwas Wasser pürieren, durch ein Sieb
streichen. Mit Olivenöl über der Paste hält es sich einige Tag gekühlt, sonst in flachen Beuteln einfrieren und Portionen abbrechen.

Zahatar

Die Gewürzmischung passt zu Suppen, über Salat, zu einem
Stück Fleisch oder rohen Bratkartoffeln aus der Pfanne. Sie ist
hierzulande kaum zu kaufen, aber leicht herzustellen.

So geht's: 1 El Sesamkörner fettfrei bei niedriger Hitze in einer
Pfanne bräunen. Mit je 1 EL getrocknetem Thymian und Sumach
(siehe folgende Seite) sowie etwas grobem Salz im Mixer zerkleinern. Kein Sumach im Haus? Ersatzweise tut's Oregano.

Sardellenpaste

In der Mittelmeerküche benutzt man die salzig-fischigen Sardellenfilets immer wieder, zum fast unbemerkten Abschmecken
oder auch als charakteristische Würze eines Gerichts. Sardellenpaste ist schnell gemacht und hält fast ewig.

So geht's: Sardellenfilets in Öl aus 4 Gläsern in einer kleinen
Pfanne unter gelegentlichem Rühren auf niedriger Stufe erhitzen.
Dabei schmelzen sie fast von alleine. Zum Schluss mit 1 bis
2 EL Olivenöl pürieren, bis das Ganze dickflüssig ist (Mixstab).
In ein kleines Glas füllen und kalt stellen.

Sumach

Das leicht säuerlich-herbe Gewürzpulver aus getrockneten Früchten vom Essigbaum bekommt man am besten in türkischen Geschäften. Es wird gerne über Salat und Fleisch gestreut, schmeckt aber auch zu Hummus, Joghurt, gebundenen Suppen. Die säuerliche Note kommt aus den Fruchtsäuren. Das meist grob vermahlene rotbraune Pulver wird oft mit Salz vermischt angeboten.

Ras el-Hanout

Die Gewürzmischung ist in und um Marokko so eine Art Universalgewürz, je nach Hausrezept kann sie 25 Zutaten und mehr enthalten. Praktisch immer mit dabei sind Koriander, Kreuzkümmel, Kardamom, Muskat, Zimt. Weiter möglich sind beispielsweise Ingwer, Nelken, Paprika, gemahlene Rosenknospen, Schwarzkümmel, Sternanis. Ras el-Hanout bedeutet etwa soviel wie „Chef des Ladens" – die Zusammenstellung der Mischung war Chefsache. Sie passt vor allem zu Couscous und vielen Fleisch- und Fischgerichten. Erhältlich in gut sortierten Supermärkten und türkischen Läden.

Bouquet garni

Der garnierte Strauß – so die wörtliche Übersetzung – besteht aus Kräutern und würzt Brühen, Fonds und Saucen. Um die Köchelbeigabe vor dem Essen herauszufischen, bindet man das alles wie einen Strauß zusammen oder steckt es in ein Säckchen. Wir bevorzugen ein Lauchblatt: Ein Lorbeerblatt sowie Petersilienstiele, Thymian und Pfefferkörner auf einen Teil eines breiten grünen Lauchblatts geben, das andere Ende darüberlegen, zu einem Päckchen zusammenfalten und mit Küchengarn fest verschnüren.

Die Kräuter der Provence

Was wir im Supermarkt als typische provenzalische Mischung kaufen, variiert im Süden je nach Familie und Koch. Anders als bei den italienischen Mischungen ist auch mal Lavendel dabei. Eine typische Zusammensetzung: je 1 EL Thymian, Rosmarin, Majoran, Bohnenkraut, dazu oft milder Oregano, eventuell auch getrocknetes Basilikum. Beliebt sind auch die Fines Herbes, feine Kräuter, die man ebenfalls gemischt, aber immer frisch verwendet, vor allem zu Saucen: Petersilie, Kerbel, Estragon und Schnittlauch gehören dazu. Der intensive Salbei wird meist solo verwendet. Fenchelsamen finden sich gemahlen vor allem in Fischrezepten, die Stengel von wildem Fenchel als Würze in der Fischsuppe.

Salz, Pfeffer und Chili

Ob Fleur de Sel, Hawaii-Salz oder simples Haushaltssalz: Chemisch gesehen sind sie fast gleich, von mineralischen Minimengen abgesehen. Aber die haben es geschmacklich in sich. Dazu kommt die Struktur: Bei großen Salzkristallen lösen sich die Natriumionen langsamer, der Geschmack ist milder als beim Haushaltssalz. Ähnliches gilt für Salzflocken. Pfeffer und Chili dagegen steuern zwar bestimmte Aromen bei, vor allem aber Schärfe. Die regt den Speichelfluss an, reizt die Geschmacksnerven, intensiviert das Geschmacksempfinden. Für Chili gilt: Je kleiner die Schote, desto schärfer ist sie. Entfernt man ihre Kerne, wird sie sanfter. Pfefferkörner am besten immer frisch gemahlen dazugeben

Knoblauch

Die Knollen schmecken je nach Verwendung unterschiedlich. Schon mit ein paar Spritzern rohem – immer leicht scharfem – Knoblauchsaft blühen Saucen beim Abschmecken auf. Erhitzen nimmt die Schärfe: Ganze Knollen im Ofen gegart ergeben sanftes Püree. Knusprig angebratene Scheiben bringen dazu Röstaroma mit. Frische Knoblauchscheiben in köchelnder Tomatensauce dagegen bleiben fast roh und haben noch Biss. Am besten ist frühlingsfrischer Knoblauch. Kühl aufbewahren.

Die besten Kniffe aus der Küche

Christian Soehlke bezeichnet sich gerne als faulen Koch. Positiv ausge-
drückt: Er hat ein paar verblüffende zeitsparende Tricks und Kniffe. Eines
braucht er nicht, nämlich einen Gerätepark.

Mit Messer oder Mixstab Je kleiner geschnippelt,
desto besser setzt Schmorgemüse Aromen frei.
Profis machen das mit scharfen Messern blitzschnell
und fast ohne hinzuschauen. Der Trick für weniger
Geübte: Zwiebeln, Möhren oder Pilze grob vorschnei-
den, dann kurz mit Blitzhacker oder Mixstab nachhelfen ohne zu pürieren.

Mit Wetzstahl Messer sollten so scharf sein, dass
sie Zeitungspapier durchschneiden. Das klappt nur,
wenn man sie tagtäglich ab und zu kurz wetzt. Diese
minimale Arbeit zeigt maximale Wirkung, rasierschar-
fe Messer schneiden schneller, leichter und besser.

In kleinen Töpfen schmoren Ob Gemüse, Fleisch
oder Risotto: Was so gegart wird, sollte den Topf gut
füllen. Dabei entwickeln sich Aromen am besten, die
Temperaturen lassen sich einfacher als mit viel Luft
im Topf steuern.

Nicht ohne Deckel Ob Pfanne oder Topf – ein gut
schließender Deckel spart Zeit, Stromkosten und
Nerven. Vorteil I: Auch wenn es nur das Wasser für
Pasta ist, mit Deckel kocht es schneller auf. Vorteil II:
Beim Fortkochen auf niedrigster Stufe bleiben die
Aromen im Gericht, sie verpuffen nicht. Vorteil III:
Selbst Angebratenes wie rohe Kartoffeln oder Fleisch
gart auf niedrigster Stufe still vor sich hin. Ständiges
Aufpassen entfällt, nichts brennt an, man kann
gleichzeitig anderes zubereiten und später alles zu-
sammen servieren.

Alufolie für sanfte Wärme Selbst auf niedrigster
Stufe produzieren manche Kochstellen noch zu viel
Hitze, Anbrennen droht. Abhilfe: Für Elektrokochfel-

der Alufolie knüllen, etwas glatt streichen und unter
den Topf legen. Das reduziert die Hitze.

Einsatz für mehr Vitamine Ein Dämpfeinsatz ähnelt
einem Durchschlag, passt in viele Töpfe und kostet
nur den Bruchteil eines Dampfgarers. Vorteil für
Gemüse: Aromen, Vitamine und Mineralstoffe ver-
schwinden damit nicht im Kochwasser, Kartoffeln
werden in 20 bis 30 Minuten gar.

Tomatenschale abzupfen (siehe Foto) Tomaten
kurz in kochendes Wasser geben und dann die Haut
abziehen? Einfacher geht es direkt beim Kochen:
Tomaten halbieren, in der Pfanne mit etwas Öl etwa
15 Minuten zugedeckt garen, die Haut mit der
Pinzette abziehen.

Paprikahaut abspülen Schwarze Blasen auf gegrill-
ter Paprika – das muss nicht sein. So geht's sanfter
und einfacher: Schoten 20 Minuten bei 250 °C in den
Ofen – möglichst mit Grill – geben, nach 10 Minuten
wenden. In Küchenpapier gewickelt 30 Minuten
zum Weitergaren in eine Plastiktüte geben. Danach
löst sich die Haut unter laufendem Wasser fast von
alleine. Kurzrezept für eine Vorspeise: in Streifen
schneiden, in Öl mit etwas durchgepresstem Knoblauch durchziehen lassen.

Einfach abgießen und filtern Zum Abgießen nicht
ein Geschirrtuch in den Durchschlag legen, sondern
darunter halten. Dann die Brühe mit Fleisch, Knochen
und Gemüse in den Durchschlag gießen, das Tuch
unter dem Durchschlag dabei festhalten. Im gröberen
Durchschlag bleiben zunächst Fleisch, Knochen und
Gemüse zurück, das Tuch filtert feinere Substanzen

und Fett heraus. Nach konventioneller Methode setzen die großen Bestandteile, vor allem aber auch fest werdendes Fett das feine Gewebe des Tuchs im Durchschlag schnell zu. So kann das Filtern sehr lange dauern

Nähnadel als Thermometer Wenn Sie kein Thermometer für Fisch oder Fleisch im Ofen haben: eine Nähnadel tut's auch. 30 Sekunden möglichst mitten ins Gargut stechen, herausziehen und sofort an den Unterarm, möglichst sogar an die Lippen halten. Wenn es dort sehr heiß wird, ist Fisch innen fast gar, das Fleisch nicht mehr „bleu" oder „rare", sondern fast „medium". Jetzt können Sie es bei 70 °C etwa 20 Minuten im Ofen lassen.

Backsoda (Natron) für Salat und Gemüse Natriumhydrogenkarbonat, bekannt als Backpulver, reagiert mit Flüssigkeit alkalisch. 1 Prise emulgiert so in der Vinaigrette Öl und Flüssigkeit und nimmt Säurespitzen. Wirsing und Rosenkohl bleiben beim Garen mit etwas Backsoda grün. Hülsenfrüchte und härteres Gemüse lässt das weiße Pulver schneller garen.

Gut kühlen Ob robuster Fenchel oder sensibler Salat: Kühl gefällt's dem Grünzeug gut, am besten knapp über 0 °C. Das kann die Haltbarkeit gegenüber 5 °C verdreifachen. So bringen es sogar Kräuter und Salat auf zwei bis drei Wochen. Auch Brokkoli und Spinat können so bis zu 2 Wochen auf den Verzehr warten.

Sauerstoff aussperren Ins Gemüsefach oder gut verpackt in die normale Kältezone? Soehlkes Erfahrung: Selbst einzelne Salatblätter bleiben eine Woche und länger verzehrbereit, wenn man sie in Frischhaltefolie hüllt oder in Plastiktüten verpackt, und zwar locker ohne Druckstellen, aber möglichst sauerstofffrei. Stabilere Sorten halten sich auch länger.

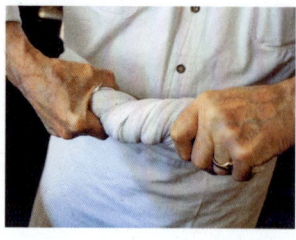

Nässe nutzen Feuchtes Küchenpapier unter den Schnittstellen verlängert die Lebensdauer, legen Sie es beispielsweise unter den Strunk von Radicchio, bevor Sie ihn in Folie wickeln.

Handtuch für die Auberginen (Fotos oben) Das weiche Innenleben unter der schwarz-violetten Haut saugt viel Fett auf. Das lässt sich verhindern, wenn Auberginenstücke oder -scheiben gesalzen 30 Minuten ziehen lässt, abspült und dann ausdrückt. Am einfachsten: Die Stücke in ein Geschirrtuch legen und auswringen.

Richtig durchschneiden Sie brauchen nur eine halbe Paprikaschote? Die andere Hälfte ist längs durch-

teilt oft schnell weich und unansehnlich. Das passiert nicht, wenn Sie sie quer durchteilen und eng in Folie wickeln. So tritt weniger Feuchtigkeit aus. Auch eine halbe Fenchelknolle hält sich quer durchtrennt länger. Feuchtes Papier an der Schnittstelle hilft.

Trinken lassen (Fotos unten) Klar, frisches Grünzeug ist am besten. Müdes wird so wieder wach: Salat- oder Radieschenblätter abtrennen, mindestens 15 Minuten in Wasser legen. Auch Wirsing zum Beispiel wird auf diese Weise wieder prall, es dauert nur etwas länger. Solange die Blätter ganz bleiben, bluten sie auch nicht aus, sondern trinken nur. Auch eine halbierte Paprikaschote – siehe Tipp oben – oder anderes Gemüse wird so wieder knackiger.

Die Sauce zum Singen bringen

Das Essen ist fertig, der Sauce fehlt der letzte Pfiff – und nun? Schon Minimengen bringen in letzter Minute einen Maximaleffekt.

Schärfe Etwas mehr Schärfe beispielsweise durch Chili oder Pfeffer sensibilisiert die Geschmacksnerven für vorhandene Aromen. Den Effekt bringen auch: eine Messerspitze Dijonsenf, ein Hauch Meerrettich oder sogar Wasabi.

Schokolade Schon wenige Gramm dunkle Schokolade dämpfen zu viel Säure in Rotweinsaucen

Pulver und Paste Eine Messerspitze Sardellenpaste oder Curry gibt vielen Saucen Pfiff, ebenso ein Spritzer Worcestersauce. Es soll aber nichts herausschmecken. Auch gut sind orientalische Gewürze (Ras-el-Hanout).

Fett Manchmal hilft der Sauce schon ein Schuss Sahne, Butter oder Olivenöl. Fett wirkt Wunder, es hebt verdeckte Nuancen hervor. Auch gut: ein bis zwei Esslöffel Olivenöl übers ganze Gericht geben.

Tomatenmark Schon kleine Mengen bringen Säure, vor allem in Sahnesaucen. Das tut dem Aroma gut.

Süßes Zucker und Honig mogeln Säurespitzen weg und kitzeln – wie bei Möhren – neue Nuancen hervor. Süßes ist ein bewährter Geschmacksträger, am besten mit etwas Fett.

Saueres Ein paar Tropfen Essig oder Zitrone mildern den Eindruck von zu viel Fett.

Knoblauch Zum Schluss mit der Gabel ein paar Knoblauchspritzer aus einer geschälten Zehe herauskratzen bringt neue Aromen mit leichter Schärfe.

Aus dem Garten Frische Kräuter und Kräutermischungen zum Schluss nur gezielt verwenden, ihr Eigengeschmack kann die Sauce überlagern.

Menüvorschläge

Fenchelcreme Seite 50,
Salat mit Scampi und Speck
Seite 73. **Jakobsmuscheln auf
grünen Tagliatelle** Seite 131,
**Trüffelparfait mit Pfirsichen
in Weißwein** Seite 83 und
Seite 191

Besonders edel

Vegetarisch

Marokkanischer Karottensalat
Seite 59, **Pasta Cacio e pepe,
halbe Portion** Seite 105,
Gemüsecouscous mit Fischkefte
Seite 111, **Orange mit Datteln
und Zimt** Seite 188

Gut vorzubereiten

Soupe au Pistou Seite 49,
**Spinatrisotto mit Blauschim-
melkäse** Seite 109,
Schokomousse mit Birne
Seite 181

Besonders schnell

Kichererbsensalat mit Rucola
Seite 74, **Schneller Couscous
mit Filet** Seite 143, **Feigen in
rosa Sahne** Seite 189

Frühling

Bulgur-Risotto mit grünem Spargel Seite 24, **Dorade mit Kräuterkruste** Seite 129, **Geeister Zitronenschaum** Seite 178

Sommer

Gazpacho Seite 36, **Scharfe Zitronenspaghetti mit Minze** Seite 96, **Baskische Fischpfanne mit Safran und Chili** Seite 119, **Blitz-Panna-Cotta an Balsamico-Erdbeersauce** Seite 183

Herbst

Kürbissuppe mit grünem Püree Seite 53, **Kalbsbraten mit Kräuterkruste und Mangoldstampf** Seite 153, **Birnen in Rotwein** Seite 192 **mit Vanilleparfait** Seite 178

Winter

Harira mit Safran und Chili Seite 39, **Schmortopf Mont Ventoux** Seite 141, **Armarettinikuchen mit Crème fraîche** Seite 196

Rezeptverzeichnis

Register

221

Christian Soehlke ist gebürtiger Schweizer. Mitte der 70er Jahre hängte er seinen gut dotierten Job an den Nagel, kaufte ein Restaurant im pittoresken Venasque in der Provence und kochte sich in die Herzen der Gourmets auf der ganzen Welt. Das australische Gourmet-Traveller-Magazin nannte ihn einen „champion of regional food", der Zürcher Tagesanzeiger den „Meister der Trüffel". Heute betreibt Soehlke eine Kochschule in Venasque.

Dorothee Soehlke-Lennert ist nicht nur mit Christian Soehlke verwandt, sondern auch seit vielen Jahrzehnten ein Fan seiner Kochkunst. Sie arbeitete in der Redaktion der Zeitschrift test im Ernährungsressort. In den letzten Jahren hat sie viele erfolgreiche Kochbücher verfasst.

Aktualisierte Sonderausgabe, 1. Nchdruck

© 2012, 2020 Stiftung Warentest, Berlin

Stiftung Warentest
Lützowplatz 11–13
10785 Berlin
Telefon 0 30/26 31–0
Fax 0 30/26 31–25 25
www.test.de

email@stiftung-warentest.de

USt-IdNr.: DE136725570

Vorstand: Hubertus Primus

Weitere Mitglieder der Geschäftsleitung:
Dr. Holger Brackemann, Julia Bönisch, Daniel Gläser

Programmleitung: Niclas Dewitz

Autoren: Christian Soehlke, Dorothee Soehlke-Lennert

Projektleitung/Lektorat: Niclas Dewitz, Ramona Jäger

Korrektorat: Hartmut Schönfuß, Berlin

Titelentwurf: Josephine Rank, Berlin

Titelfoto: Joerg Lehmann, Berlin

Foodstyling Titelfoto: Risa Nagahama

Fotografie: Knut Koops, Berlin

Foodstyling: Frauke Koops, Geesthacht

Layout, Bildredaktion, Satz: Anke Dessin, Berlin

Aquarell: Anke Dessin, Berlin

Produktion: Vera Göring

Verlagsherstellung: Rita Brosius (Ltg.), Romy Alig, Susanne Beeh

Litho: tiff.any, Berlin

Druck: mediaprint solutions GmbH, Paderborn

ISBN: 978-3-86851-455-1